Léacht an Chonartha 2008

AN TUMOIDEACHAS IN ÉIRINN

IMMERSION EDUCATION IN IRELAND

Dónal Ó hAiniféin

Príomhoide ar Ghaelscoil Mhíchíl Cíosóg, Inis

agus Iar-Uachtarán ar Ghaelscoileanna Teo.

D1437959

Foils
i bpáirt le C
Trascríofa & A......ne ag Félim Borland
ISBN: 978-0-9559097-1-9

Conradh na Gaeilge

6 Sráid Fhearchair, Baile Átha Cliath 2.
www.cnag.ie / eolas@cnag.ie / +353 (0)1 4757401

LÉACHT CHONRADH NA GAEILGE 2008

Beidh mo chaint bunaithe cuid mhaith ar an staidéar a dhein mé in Ollscoil na hÉireann, Gaillimh, in Acadamh na hOllscolaíochta. Ba mhaith liom mo bhuíochas a ghabháil dóibhsean as an gcabhair agus as an treoir agus as an tacaíocht a thug siad dom go háirithe an tUasal Peadar Mac Muiris, a bhí ag cabhrú liom nuair a bhí an staidéar ar bun agam.

Ní bheidh mé ag díriú ar chúrsaí réamhscolaíochta, cé nuair a smaoinímid go minic ar an tumoideachas agus mar sin de, b'fhéidir an sampla is fearr dá bhfuil againn in Éirinn ná na naíonraí agus an obair iontach atá ar siúl ag na naíonraí fud fad na tíre. Go dtí seo níl ceist an tumoideachais sna naíonraí conspóideach mar ní thagann siad faoi scáth na Roinne Oideachais agus Eolaíochta. Ach fan tamaillín nuair a bheidh rudaí difriúil: d'fhéadfadh a leithéid tarlú.

Nílim chun a bheith ag díriú ach an oiread ar an staid reatha i dTuaisceart na hÉireann maidir leis an tumoideachas ach tagairt nó dhó a dhéanamh don scéal mar atá ansin faoi láthair. Labhróidh mé beagáinín faoin dátheangachas; faoin oideachas dátheangach; faoin tumoideachas; cúlra an tumoideachais in Éirinn; Curaclam na Bunscoile agus an tumoideachas; an tumoideachas agus tús-theanga na léitheoireachta i scoileanna lán-Ghaeilge; léitheoireacht na Gaeilge agus léitheoireacht an Bhéarla i scoileanna lán-Ghaeilge; polasaithe tumoideachais na Roinne Oideachais agus Eolaíochta - iad siúd atá ann agus ar eolas againn, más ann dóibh; agus torthaí mo thaighde féin ar chaighdeán léitheoireachta an Bhéarla ag daltaí Gaelscoile; agus an bóthar romhainn ansin ar deireadh. Cén áit a shílim go mba cheart dúinn dul leis an tumoideachas agus leis an gcontanam tumoideachais.

Tosóimid le ráiteas Rialtas na hÉireann i leith na Gaeilge in 2006:

> Is aidhm ar leith de chuid an Rialtais í a chinntiú go bhfuil an oiread saoránach agus is féidir dátheangach i nGaeilge agus i mBéarla (lth.7) ...Cuirfear oideachas lán-Ghaeilge ar ardchaighdeán ar fáil do dhaltaí scoile arb é mian a dtuismitheoirí/gcaomhnóirí é. Lean-far leis an tacaíocht do Ghaelscoileanna ag leibhéal na bunscoile agus déanfar forbairt ar sholáthar lán-Ghaeilge ag leibhéal na hiarbhunscoile chun freastal ar éileamh de réir mar is gá (lth.17)

Ba dhóigh leat go mbeadh gach aon rud ina cheart ansin agus ráiteas an Rialtais mar sin againn.

Deir An tAcht Oideachais (1998) mar seo a leanas, deirtear go mbeidh ar gach aon duine a mbeidh baint acu leis an Acht a chur i ngníomh, aird a bheith acu air, cuidiú le baint amach cus-póirí agus polasaithe náisiúnta 'i ndáil le leathadh an dátheangachais i sochaí na hÉireann, agus go háirithe go mbainfí úsáid níos mó as an nGaeilge ar scoil agus sa phobal.'

Agus anuas ar sin, do mhuintir na Gaeltachta, 'cuidiú leis an nGaeilge a choinneáil mar phríomh-theanga an phobail sna limistéir Ghaeltachta' (ibid). Ní beag sin agus má tá an scéal sin amhlaidh, ba mhaith liom go gcoimeádfadh sibh é sin chun cinn in bhur n-aigne agus mé ag caint anocht. Sin iad na polasaithe, sin an méid: an dá ráiteas san Acht Oideachais, sin an méid atá ráite ag an Rialtas i leith na Gaeilge.

CONRADH NA GAEILGE LECTURE 2008

My address will largely be based on the study I conducted in University of Ireland, Galway, in Acadamh na hOllscolaíochta Gaeilge. I'd like to thank them for the help, guidance and support they have given me, especially Peadar Mac Muiris, who was helping me while I was conducting the study.

I won't be focussing on preschool matters, although when we think of immersion education and so forth, maybe the best example we have in Ireland are the preschools and the great work they are doing all over the country. Until now, the question of immersion education in the preschools hasn't been controversial because they don't come under the aegis of the Department of Education and Science. But wait another little while when things will be different: such a thing could happen.

I will not be focussing either on the current situation in the north of Ireland with regard to immersion education, save for a reference or two to the situation as it is at present. I'll spend some time talking about bilingualism; about bilingual education; about immersion education; the background of immersion education in Ireland; about the Primary School Curriculum and immersion education; about immersion education and the first language of reading in all-Irish schools; about the reading of Irish and the reading of English in all-Irish schools; about the Department of Education and Science's immersion education policy - those that exist and that we know about, if even; and about the results of my own study of reading standards of English of *Gaelscoil* students; and finally, the road ahead - where I think we should go with immersion education and with the immersion education continuum.

We will start with the Government of Ireland's statement in 2006 with regard to the Irish language:

> Specifically, the Government aim is to ensure that as many citizens as possible are bilingual in both Irish and English (p.6) ... A high standard of all-Irish education will be provided to school students whose parents/guardians so wish. Gaelscoileanna will continue to be supported at primary level and all-Irish provision at post-primary level will be developed to meet follow-on demand (p.16)

You would think that everything would be as it should be with a Government statement like that.

The Education Act (1998) says as follows, it is said that everybody concerned in the implementation of the Act, shall have regard to contributing 'to the realisation of national and policy and objectives in relation to the extension of bilingualism in Irish society and in particular the achievement of greater use of the Irish language at school and in the community.'

On top of that, for the people of the *Gaeltacht*, 'to contribute to the maintenance of Irish as the primary community language in Gaeltacht areas' (ibid). That's no small task and if the situation is so, I would like you to keep that in mind during my talk tonight. Those are the policies, that's all: those two statements in the Education Act, that is what the Government has said with regard to Irish.

Dátheangachas

Céard is dátheangach ann? Ceist fhíor-chasta í gan dabht. Tá an oiread sin sainmhínithe ar dhátheangaigh is dócha is atá dátheangaigh ann. D'fhág ón dátheangach lag go dtí an dátheangach fíor-chumasach amach is amach, ach bíonn sainmhínithe éagsúla ag daoine éagsúla ar cad is dátheangach ann. Ach is fiú b'fhéidir bheith ag smaoineamh ar an gceann seo ó Baker et al:

> To expect someone to be exactly equally fluent in two languages is a simplistic view of bilinguals. Bilinguals are sometimes expected to be two monolinguals inside one person. This viewpoint is unreal and mistaken (1998: 13)

Mar sin is contanam atá sa dátheangachas i ndáiríre, ón dátheangach lag mar a deirim ó thaobh amháin, bíonn dátheangach sár-oilte ar an taobh eile.

An tOideachas Dátheangach

Cad atá i gceist le hoideachas dátheangach? Tá mórán saghsanna oideachas dátheangach ann freisin gan dabht agus an sainmhíniú clasaiceach a thugann Anderson agus Boyran ná 'Bilingual education is instruction in two languages and the use of those two languages as mediums of instruction for any part of, or all of the school curriculum' (1970: 12).

Go bunúsach is oideachas trí dhá theanga atá i gceist. Tá an suíomh, más ea, ina bhfoghlaimíonn an dalta, an dátheangach, an-tábhachtach.

D'fhéadfadh dátheangachas dealaíoch nó dátheangachas suimíoch a bheith i gceist ag braith ar na cúinsí. Táimid ag caint ar dhátheangachas dealaitheach nó suimíoch. Tá sé ráite ag Lambert (1977) ar an gceist seo:

> [He] has emphasised the potential importance of attitudes towards educational outcomes. He has characterised two forms of sequential bilingualism, 'additive' and 'subtractive'. With the additive form, positive values are attributed to the two languages and education in one language does not constitute a threat against the other (2002: 19).

Luann May et al a dhein roinnt taighde air seo sa Nua-Shéalainn go bhfuil go leor buntáistí cogneolaíochta agus teangeolaíochta agus cumarsáide ag baint leis an dátheangachas suimíoch nuair a thógtar an dátheangachas sa suíomh sin:

> Where an additive approach to bilingualism is adopted, cognitive, social and educational advantages ensue, as later research on bilingualism ...

- táimid ag caint ar thaighde anois a rinneadh ó na seascaidí ar aghaidh, agus beimid ag caint ar an droichead ó Macnamara i lár na seascaidí a bhí fíor-diúltach mar scamall dubh os cionn an dátheangachais agus ós cionn na Gaeilge in Éirinn. Ón am sin ar aghaidh tá sé ráite:

> ... has consistently demonstrated. This includes greater cognitive flexibility, metalinguistic awareness, communicative sensitivity and field independence among bilinguals ... The clear consequence of such studies is that additive bilingual approaches for all bilingual students (not just socially and educationally advantaged students) ...

Bilingualism

What is a bilingual? It is without doubt a very complex question. There are as many definitions of bilinguals, I suppose, as there are bilinguals. From the weak bilingual, to the very competent bilingual, but different people have different definitions of what a bilingual is. But maybe we should think of this one from Baker et al:

> To expect someone to be exactly equally fluent in two languages is a simplistic view of bilinguals. Bilinguals are sometimes expected to be two monolinguals inside one person. This viewpoint is unreal and mistaken (1998: 13).

So bilingualism is essentially a continuum, from the weak bilingual, as I have said, on one hand, to the most educated bilingual on the other hand.

Bilingual Education

What is bilingual education? There are many kinds of bilingual education without doubt and the classical definition that Andersson and Boyer give us is 'Bilingual education is instruction in two languages and the use of those two languages as mediums of instruction for any part of, or all, of the school curriculum' (1970:12).

Basically it is an education through two languages. The environment, if so, in which the student, the bilingual, learns, if very important.

Subtractive bilingualism or additive bilingualism could be in question, depending on the circumstances. We are talking about subtractive or additive bilingualism. On this question, Lambert (1977) has said:

> [He] has emphasised the potential importance of attitudes towards educational outcomes. He has characterised two forms of sequential bilingualism 'additive' and 'subtractive'. With the additive form, positive values are attributed to the two languages, and education in one language does not constitute a threat against the other (2002:19)

May et al, who have conducted some research on this in New Zealand, have mentioned that there are a lot of cognitive, linguistic and communicative advantages relevant to additive bilingualism when bilingualism is taken in that situation:

> Where an additive approach to bilingualism is adopted, cognitive, social and educational advantages ensue, as later research on bilingualism ...

- we are now talking about research that was conducted from the sixties onwards. We will be talking about the bridge from Macnamara in the mid-sixties, who was very negative and was a dark cloud over bilingualism and over the Irish language in Ireland. From then on it says:

> ... has consistently demonstrated. This includes greater cognitive flexibility, metalinguistic awareness, communicative sensitivity and field independence among bilinguals ... The clear consequence of such studies is that additive bilingual approaches for all bilingual students (not just socially and educationally advantaged students) ...

- mar a chuirtear i leith na nGaelscoileanna go minic agus daoine ag rá go bhfuil siad scothroghnach agus mar sin de. Ní raibh siad riamh i nGaelscoil Sáirséal, an tsean-scoil a bhí agamsa i lár na cathrach ar an oileán i Luimneach, agus iad fós ag feitheamh ar scoil,

> ... will foster the cognitive benefits of bilingualism and lead to wider educational successful bilingual students (May et al, 2004: 64).

Sin a deir an taighde idirnáisiúnta. Ar an taobh eile, ní bhaineann na buntáistí céanna leis an dátheangachas dealaitheach mar a chítear le bá-oideachas agus mar sin de, sna Stáit Aontaithe agus i dtíortha eile.

Tá cur síos déanta ag go leor leor daoine ar na míbhuntáistí a bhaineann le bá-oideachas. Ach ní sin an suíomh atá againn anseo in Éirinn i gcás na nGaelscoileanna. Is dátheangachas suimíoch atá i gceist i gcás na Gaelscolaíochta in Éirinn. Is é sin le rá go bhfuiltear ag iarraidh Gaeilge a fhoghlaim agus a shealbhú mar dara teanga ag daltaí den chuid is mó a bhfuil Béarla mar phríomhtheanga sa bhaile acu. Den chuid is mó, ach ní mar sin atá acu in Éirinn anois de réir mar a thuigimid. An aidhm atá ann ná dátheangaigh fheidhmeacha agus déliteartha a chruthú, sa Ghaeilge agus sa Bhéarla, roimh fhágáil na Gaelscoile dóibh.

Anois is fiú agus ag caint ar Chonradh Liospóin agus ar an Eoraip agus ar an rud seo go léir, ceist a chur, cad é dearcadh na hEorpa faoin gceist seo. Bhuel, tuigtear dúinn ar fad go bhfuilimid ag caint ar mháthairtheanga móide a dó, go bhfuil sé i gceist ag Comhairle na hEorpa go mbeadh máthairtheanga móide dhá theanga eile ag gach saoránach de chuid na hEorpa agus go bhfuil an aidhm sin go docht daingean mar aidhm acu.

Conas is féidir leis sin a bhaint amach? Bhuel i dtuairim Chomhairle na hEorpa "Strong bilingual, educational models which aim to equip the future adult with real bilingual or plurilingual proficiency, and in particular biliteracy should be implemented whenever possible." Tá an focal "real" tábhachtach ansin i mo thuairim, cé gurb é ceann de na focail is lú go bhfuilimid ag caint ar bheith fíor-dháiríre faoi.

An Tumoideachas
Cad atá i gceist leis an tumoideachas? Bhuel is gné amháin den chontanam oideachais dhátheangaigh atá sa tumoideachas ina dtumtar an foghlaimeoir sa sprioctheanga agus atá in úsáid mar theanga foghlama an churaclaim go léir. Níl aon dabht anois ná go n-aithnítear an tumoideachas go hidirnáisiúnta mar bhealach fíor-éifeachtach chun oideachas dátheangach a chur chun cinn.

Déanann Baker et al (1998) cur síos ar an tumoideachas mar mhúnla láidir - mar a dúirt mé "strong bilingual model" - san oideachas dátheangach. Cuireann Johnson agus Swain (1997) síos ar na príomhghnéithe a bhaineann leis an tumoideachas, nó le clár tumoideachais.

1. An T2 (Gaeilge sa chás seo) mar theanga teagaisc na scoile.
2. Leanann an curaclam tumoideachais an gnáthchuraclam T1.
3. Tá tacaíocht láidir do T1 an dalta ...

- of which Gaelscoileanna are often accused and people saying that they are elitist and so forth. They were never like that in Gaelscoil Sáirséal, the last school I taught in, on the island in Limerick City Centre. They are still waiting for a school:

> ... that it would foster the cognitive benefits of bilingualism and lead to wider educational successful bilingual students (May et al, 2004: 64)

That is what the international research says. On the other hand, the same advantages do not apply to subtractive bilingualism, as is seen with submersion education and so forth, in the United States and in other countries.

A lot of people have described the disadvantages that apply to submersion education. But that is not the case in Ireland with Gaelscoileanna. Additive bilingualism applies to all-Irish schooling in Ireland. That is to say that there is a desire to learn and to acquire Irish as a second language amongst students whose main household language is English. For the most part, but that is not how they are in Ireland now, as we understand it. The aim is to create applied and dual literate bilinguals, in Irish and in English, before they leave the Gaelscoil.

Now that we are talking about the Lisbon Treaty and Europe and that whole issue, it is worth questioning, what is Europe's view on this matter. Well, as we all understand that we are talking about a mother tongue plus two, the Council of Europe intend that each citizen of Europe has a mother tongue plus two other languages, and this is their firm aim.

How can it bring that about? Well, in the opinion of the Council of Europe 'Strong bilingual, educational models which aim to equip the future adult with real bilingual or plurilingual proficiency, and in particular dual literacy should be implemented whenever possible.' The word "real" is very important there in my opinion, as even though it is one of the words we use least, we are talking very seriously about this.

Immersion Education
What is immersion education? It is one aspect of the bilingual education continuum in which a learner is immersed in the target language and which is used as a language of instruction for the entire curriculum. There is no doubt now that immersion education is recognised internationally as a truly effective way to promote bilingual education.

Baker et al (1998) describe immersion education as a strong bilingual model in bilingual education. Johnson and Swain (1997) describe the main aspects that pertain to immersion education, or to an immersion education programme:

1. The T2 (Irish in this case) is the school's language of instruction.
2. The immersion education curriculum follows the ordinary T1 curriculum.
3. There is strong support for the student's T1 ...

- an Béarla,

> ... Tugann tuismitheoirí, oidí agus an pobal iomlán an tacaíocht seo.
> 4. Is dátheangachas suimíoch atá mar aidhm ag an gclár.
> 5. Is sa seomra ranga den chuid is mó a théann daltaí i ngleic leis an sprioctheanga.
> 6. Tosaíonn na daltaí sa chóras leis an leibhéal cumais céanna sa sprioctheanga nó gar dó ...

- Buntáiste mór atá againn i nGaelscoileanna i gcomparáid le scoileanna Gaeltachta, áit a mbíonn daltaí ag teacht isteach agus leibhéal cumais fíor-éagsúil acu, ó fíor-lag go dtí an cainteoir dúchais.

> ... 7. Bíonn na múinteoirí dátheangach ...

- fíor-thábhachtach gan dabht mar is iad na múinteoirí an acmhainn is mó atá againn agus,

> ... 8. Is scáthán de chultúr logánta atá sa seomra ranga.

Ach baineann dúshláin chomh maith leis an gcóras tumoideachais. Luann Niamh Ní Mhaoláin:

> ceann de na laigí a aithnítear leis an gcóras tumtha go ginearálta, ná nach féidir comhthéacs iomlán teanga a chruthú laistigh den seomra ranga mar nach mbíonn an comhthéacs nádúrtha ann. Chuige sin tá sé riachtanach do ghaelscoileanna an úsáid, agus an leas is fearr a bhaint as na hacmhainní eile atá ar fáil dóibh. Ceann de na hacmhainní is mó atá ann ná clós na scoile. Toisc go bhfuil sé mar sprioc ag an nGaelscoil deis a chur ar fáil do pháistí saol scoile iomlán a chaitheamh trí Ghaeilge tá tábhacht thar cuimse ag baint le polasaí láidir scoile i leith labhairt na Gaeilge sa chlós. Ní hé amháin go bhfuil cúramaí féitheoireachta ar an múinteoir sa chlós ach tá cúraimí dochta teanga chomh maith. Caith-fidh an múinteoir a bheith ag éisteacht de shíor agus ag tabhairt aird ar an teanga atá in úsáid agus atá de dhíth ar na páistí. Déanfaidh an múinteoir múnlú ar an teanga go dearfach ... Níl aon amhras, ach go bhfuil dua ag baint leis an obair seo (2005: 25)

Aon duine agaibh a sheasann i gclós Gaelscoile riamh, tuigfidh sibh go bhfuil dua ag baint leis an obair seo, agus dua nach stopann riamh.

Maidir leis an taighde, dúirt Muiris Ó Laoire (2005) le linn chomhdháil Ghaelscoileanna nuair a bhí sé ag caint faoin dátheangachas suimíoch agus an tumoideachas. Dúirt sé go:

> léiríonn 150 tionscnamh taighde thar 35 bliain na torthaí céanna ...

- maidir leis an tumoideachas. Léiríonn siad

> ... buntáistí ó thaobh
> • oideachais
> • meoin
> • úsáid agus leathnú na teanga sa tsochaí
> • teangacha eile a fhoghlaim.

- English

> ... Parents, teachers and the whole community give this support.
> 4. The programme's aim is additive bilingualism.
> 5. The classroom is mostly where students contend with the target language.
> 6. The students start in the system with the same level of capabilities in the target language, or close to it ...

- One big advantage that we have in *Gaelscoileanna*, in comparison with Gaeltacht schools, where students come with very different levels of capability, from the very weak through to the native speaker.

> 7. The teachers are bilingual

- doubtlessly very important because the teachers are the biggest resource we have, and,

> 8. The classroom is a mirror of local culture.

But challenges apply to the immersion education system. Niamh Ní Mhalaóin cites:

> one of the weaknesses that are recognised in the immersion system in general is that a full language context cannot be created within the classroom because the natural context is not there. To that end, it is necessary for Gaelscoileanna to get the best use and benefit from the other resources available to them. One of the biggest resources there is, is the schoolyard. Because it is a target of the *Gaelscoil* to provide an opportunity to children to spend a whole school-life through Irish, there is an extreme importance attached to a strong school policy in the yard. Not only does the teacher have supervisory duties in the yard, but there also rigid language duties. The teacher has to be always listening and giving attention to the children's language, to the language they use, and to the language they need. The teacher will positively mould the language...There is no doubt that there is effort involved with this work (2005:25)

Any of you who ever stand in the yard of a Gaelscoil will understand that there is effort involved with this work, effort that never stops.

With regard to the research, Muiris Ó Laoire (2005) said during Gaelscoileanna's conference, whilst talking about additive bilingualism and immersion education, he said that:

> 150 research projects over 35 years show the same results ...

- as regards immersion education. They show

> ... benefits from the point of view of
> * education
> * disposition
> * use and extension of the language in the society
> * and the learning of other languages.

Tá tumoideachas á chleachtadh in Éirinn le fada an lá, ó bhunú an Stáit ina leith. Córas éigeantach gan dabht a bhí ann ó thús, agus ní raibh rogha ag tuismitheoirí ag an am ach a bheith páirteach sa chóras. Ag an am, ceapadh go bhféadfaí an tír a ath-Ghaelú tríd an gcóras oideachais. De réir Kelly (2002), bhí cuid mhór den mhilleán curtha ar an gcóras oideachais Gallda, mar gheall ar mheath na Gaeilge den chéad bhliain roimhe sin. Bhí sé mar aidhm, mar sin, malairt gnímh a dhéanamh le córas tumoideachais, éigeantach, lán-Ghaelach a chur i bhfeidhm i scoileanna náisiúnta na tíre mar pholasaí Stáit:

Ó 1926 i leith, is ea a cuireadh an polasaí éigeantach, teagasc iomlán tré Ghaeilge i bhfeidhm sna ranganna naíonáin: "all instruction in the first two years of primary schools should be through Irish" (lth. 43).

Maidir le ról na dtuismitheoirí nuair a fíoraíodh do Thomás Ó Deirg a bhí ina Aire Oideachais timpeall ar an am sin, dúirt sé 'I cannot see that parents, as a body, can decide this matter' (Kelly, 2002:19). Bhí sé róthábhachtach is dócha. Mar ionadaí tofa na dtuismitheoirí ar COGG, ar thuismitheoirí na nGaelscoileanna, measaimse go bhfuil cearta ag tuismitheoirí Gaelscoileanna agus go mba cheart don Roinn Oideachais na cearta sin a aithint.

Déanann Ní Fhearghusa (1998) cur síos ar conas mar a athraíodh an polasaí éigeantach Gaeilge ina dhiaidh sin. Bhí go maith, bhí an polasaí éigeantach seo, bhí gach rud dhul a bheith go dial, ach níorbh amhlaidh a bhí:

D'eisigh an Roinn Oideachais Imlitir nua ...

- cloisfimid faoin bhfocal sin ar bhall beag,

... (Imlitir 11/60) lenar cuireadh in iúl do scoileanna nár ghá a thuilleadh na Naíonáin a mhúineadh go hiomlán trí Ghaeilge agus go bhféadfaí an bhéim air seo a athrú go múineadh na Gaeilge mar ábhar dá gceapfadh na múinteoirí go ndéanfadh na daltaí dul chun cinn níos fearr ó thaobh na Gaeilge de i gcoitinne (lth.19).

Míníonn sí gur thit líon na scoileanna a bhí ag teagasc trí Ghaeilge go tubaisteach sna seascaidí go dtí nach raibh ach 11 bhunscoil agus cúig iar-bhunscoil sa Ghalltacht ag teagasc trí mheán na Gaeilge i dtús na seachtóidí. Tá tagairt déanta ag Ó Riain (1994) agus ag Ó Domhnalláin (1978) a léiríonn go raibh go leor cúiseanna eile leis an meath ollmhór sin. I dteannta le hImlitir 11/60, luaitear:

dúnadh na gcoláistí ullmhúcháin, 1960-1964; ... tuairisc Macnamara ...

- ar luaigh mé ó chianaibh agus an diúltachas a bhaineann leis an dátheangachas a cheap Macnamara

...ar thionchar na Gaeilge ar pháistí bunscoile, 1966; ...curaclam nua bunscoile, 1971; deireadh le hoiliúint mhúinteoirí trí Ghaeilge le linn na seascaidí (1994: 51)

Ceapaimse go bhfuilimid mar thír anois ar an t-aon tír ar domhan gurb eol domsa, nach féidir oiliúint a chur ar ár múinteoirí féin trínár gcéad teanga náisiúnta, ár gcéad teanga oifigiúil, ár dteanga náisiúnta féin. Is bocht an scéal é.

Immersion education is being practiced in Ireland for a long time now, since the foundation of the State. It was an obligatory system without doubt, from the start, and parents at the time only had the choice to be a part of the system. At the time, it was thought that the country could be re-gaelicised through the education system. According to Kelly (2002), a lot of blame was accorded to the anglicised education system, because of the decline of the Irish language for the previous 100 years. It was therefore an aim to act alternatively by implementing an obligatory all-Irish immersion education system in the country's national schools as a State policy:

> Since 1926, an obligatory teaching policy was implemented in the infant classes: "all instruction in the first two years of primary schools should be through Irish" (p.43).

With regard to the role of parents, when Tomás Ó Deirg, who was Minister for Education around that time, was asked, he said 'I cannot see that parents, as a body, can decide this matter' (Kelly, 2002:19). It was too important I suppose. As an elected representative of parents on COGG, of Gaelscoil parents, my opinion is that Gaelscoil parents have rights and that the Department of Education should recognise those rights.

Ní Fhearghusa (1998) describes how the compulsory Irish policy was changed after that. This compulsory policy was fine, everything was going to be great, but it wasn't so:

> The Department of Education issued a new circular...

- we will hear about that word in another little while,

> ...Circular 11/60 in which it was stated that schools no longer required to teach the infant classes wholly through Irish, and that the emphasis on this could be changed to the teaching of Irish as a subject if the teachers thought that the students could make better progress in Irish in general (p.19).

She explains that the number of schools that were teaching through Irish fell drastically in the sixties to the point that only 11 primary schools and five post-primary schools in the Pale were teaching through Irish at the start of the seventies. Ó Riain (1994) and Ó Domhnalláin (1978) have citations that show that there were lots of other reasons behind that huge decline. Along with Circular 11/60, it is cited that:

> the preparatory colleges were closed, 1960-1964; ... Macnamara's report ...

- which I mentioned a while ago and the negativity which Macnamara thought was associated with Irish

> ... on the influence of Irish on primary school students, 1966; ... a new primary school curriculum, 1971; the end of training teachers through Irish during the sixties (1994: 51)

I think that we are now the only country in the world, to my knowledge, that cannot train our own teachers in our own first national language, our first official language, our own national language. It is a sad story.

Is fiú a mheabhrú dúinn féin anois cad é go díreach a bhí luaite in imlitir 11/60 a chuir deireadh le múineadh trí mheán na Gaeilge sna seascaidí. Dúradh:

> ... Ba mhaith leis an Aire a chur in iúl a mhéid is atá se ag dréim leis go ndéanfaidh na múinteoirí gach dícheall chun labhairt na Gaeilge a chur ar aghaidh i measc na ndaltaí oiread agus is féidir agus a luaithe agus is féidir. Chuige sin, má tharla múinteoir sásta i leith na ndaltaí atá aige i rang sóisear bliain ar bith, ag féachaint dó dá gcaighdeán intleachta &rl gur mó de dhul chun cinn a dhéanfaidís ó thaobh labhairt na Gaeilge dá dtógfaí an béim ó theagasc trí Ghaeilge ina gcás-san agus é do chur ar theagasc gnáth-chomhrá Gaeilge, beidh lán-saoirse aige é sin a dhéanamh. Beidh sé sin ar ndó faoi réir na tuiscinte go meastar a chuid oibre i gcás na Gaeilge go príomha ó thaobh an dul chun cinn i labhairt na teanga a bheidh déanta ag na daltaí (Imlitir 11/60).

Ní fheadar an ndearna aon duine aon athbhreithniú ar an gceist sin i rith na seascaidí, nó i dtús na seachtóidí nó fiche bliain istigh nuair a bhíomar tar éis an córas a bhí ann a chaitheamh amach ar mhaithe leis an nGaeilge a chur chun cinn agus ar mhaithe leis na caighdeáin Ghaeilge a ardú agus ar mhaithe - a dúramar ag an am - leis na daltaí, agus chun a chur ar chumas na ndaltaí sin Gaeilge a bheith acu.

Is mar seo a chuireann Mac Einrí (2007) síos ar an gcóras atá in Éirinn faoi láthair. Deir sé:

> Immersion education, where learners are educated in whole or in a significant part through a language other than their first language, is now firmly established internationally and in Ireland, ...

- dúirt sé in 2007 sula bhfógraíodh imlitir eile,

> ...North and South as a successful and effective form of education. It aims to develop a high standard of language competence in the immersion language, but must also, and can ensure at least a similar level of achievement in the first language as that reached by pupils attending monolingual schools (lth.4).

Ó bunaíodh an stáit tá athrú iomlán tarlaithe mar sin, ó pholasaí tumoideachais iomlán éigean-tach go staid ina bhfuil an tumoideachas iomlán roghnach sa lá atá inniu ann.

Maidir le Gaelscolaíocht na linne seo, ní gá duit do pháiste a chur ag Gaelscoil mura rogh-naíonn tú Gaelscoil. Tá scoileanna i ngach paróiste atá ag teagasc trí Bhéarla. Is rogha atá sa ghaelscolaíocht do dhaoine a roghnaíonn an ghaelscolaíocht. Is fiú a lua freisin go bhfuil an tréimhse anois, an tréimhse fháis do na nGaelscoileanna ó thús na seachtóidí, níos faide mar thréimhse ná mar a bhí an tréimhse sin ó bhunú an Stáit go dtí imlitir 1960, agus go bhfuil sé fós ag dul i méid, mar gur gluaiseacht mar a thug Ó Laoire air 'ón ithir aníos' atá ann. Gluaiseacht atá curtha ar bun ag tuismitheoirí ón talamh aníos.

Ní gluaiseacht atá curtha ar bun ag an Stát, ná go deimhin féin ag an Roinn Oideachais, agus má táimid le tuairiscí nuachta a chreidiúint, ní chuirimis an Roinn chéanna i mbun bunú scoileanna ach an oiread mar níor éirigh leo ach ceathrar nó cúigear dalta a fháil in iarthar Bhaile Átha Cliath, áit atá breac le tithe, agus breac le teaghlaigh óga. Ní dóigh liom gurb é sin an cur chuige is fearr ach an oiread.

It is worth reminding ourselves now what exactly was in question in Circular 11/60 that ended teaching through the medium of Irish in the sixties. It was said:

> ... The Minister would like to draw attention to how much he is aspiring to that teachers make every effort to further the speaking of Irish amongst students as much as possible, and as soon as possible. To that end, if it happened that a teacher happy with his students in any year of a junior class, by looking at their intellectual standard etc, and estimated that they would make the most progress in terms of the speaking of Irish, if the emphasis was taken off the emphasis of instruction through Irish in their case and focussed on the teaching of a normal conversation of Irish, he will have full freedom to do that. That will, of course, be according to the understanding that his work in terms of Irish be judged primarily on the students' progress as regards the speaking of the languages (Circular 11/60).

I don't know if anybody reviewed that question during the sixties, because at the start of the seventies, or twenty years in, after we threw out the system that was there for the sake of promoting of Irish and for the sake of raising the standards of Irish, and for the sake - as we said at the time - of the students, and for empowering those students to acquire Irish.

This is how Mac Einrí (2007) describes the system in Ireland at present. He says:

> Immersion education, where learners are educated in whole or in a significant part through a language other than their first language, is now firmly established internationally and in Ireland, ...

- he said in 2007 before another circular was announced,

> ... North and South as a successful and effective form of education. It aims to develop a high standard of language competence in the immersion language, but must also, and can ensure at least a similar level of achievement in the first language as that reached by pupils attending monolingual schools (p.4).

Since the State was founded, a complete change has occurred, from an obligatory full immersion education policy to a state today in which immersion education is totally optional.

As regards today's all-Irish schooling, you do not have to send your child to a *Gaelscoil* if you do not chose a *Gaelscoil*. There are schools in every parish, which are teaching through English. All-Irish schooling is an option for people who choose all-Irish schooling. It is worth mentioning too that this current period, the period of growth for *Gaelscoileanna* since the beginning of the seventies, longer as a period than the period from the foundation of the State to 1960's circular, and that it is still growing, because it is a movement, as Ó Laoire called it 'from the soil upwards'. It is a movement established by parents from the ground upwards.

It is not a movement established by the State, or even by the Department of Education, and if we are to believe news reports, we wouldn't put the same Department in charge of establishing schools either because they only succeeded in enrolling four or five students in west Dublin, a place that is dotted with houses and with young families. I don't think that is the best approach either.

Tá saghsanna éagsúla tumoideachais ann. Is tumoideachas iomlán, nó luath-thumadh iomlán, nó lántumadh luath, nó aon téarma gur mhaith leat, nó lántumoideachas mar a thugann Harris air, atá á chleachtadh i nGaelscoileanna na tíre seo faoi láthair. Is mar seo a dhéanann Ní Mhaoláin ón eagraíocht Gaelscoileanna Teo. cur síos ar an gcleachtas in 2005:

> Tá an tumoideachas iomlán aitheanta ar fud an domhain ar an córas is éifeachtaí chun an dara teanga a mhúineadh/shealbhú i suíomh scolaíochta … Ciallaíonn córas tumoideachais go bunúsach go dtumtar na páistí sa sprioctheanga (lth.9)

Cuireann Johnson & Swain síos ar na saghsanna éagsúla tumoideachais. Tá éagsúlacht leibhéil ina dtosaítear an tumoideachas. Luath-thumadh a thugtar ar an saghas tumoideachais a thosaítear ag leibhéal na naíonán. Tá cláir mheántumadh agus tumadh déanach i dtíortha eile freisin ach níl a leithéid i scoileanna na tíre seo faoi láthair cé gur suimiúil gurb é sin ar mhol Harris nuair a fuair Harris amach go raibh an tóin tite as an gcaighdeán Gaeilge i ranganna gnáthscoileanna in 2006. Mhol sé:

> cineálacha idirmheánacha den tumoideachas a fhorbairt, nach mbeidh chomh huaillmhianach leis an gcur chuige lán-tumoideachas sna scoileanna lán- Ghaeilge ach a bheidh níos uaillmhianaí ná an clár leathnaithe ábhair-amháin. Tá na cláir idirmheánacha sin réasúnta coitianta in áiteanna eile (2006:192)

Sin bun-fhadhb atá againn sa tír seo ná nach bhfuil an contanam tumoideachais ann, nach bhfuil de rogha ag tuismitheoirí na hÉireann faoi láthair ach a bpáiste a chur ag scoil atá ag teagasc trí Bhéarla nó scoil atá ag teagasc go hiomlán is go huile trí mheán na Gaeilge. Agus ba dhóigh leat go mbeadh an Stát seo chun cinn, Stát atá ag iarraidh a bheith dátheangach, go bhfuil sé mar aidhm againn ár saoránaigh a bheith dátheangach, ba dhóigh leat go mbeimis ábalta, cineálacha éagsúla clár a chur ar fáil do thuismitheoirí na tíre. Mura dtéann sé ar thraein an tumoideachais ag leibhéal na naíonán, bhuel déan dearmad air don chuid is mó acu. Ní bheadh an rogha acu i ndiaidh sin, faraor.

Úsáidtear gan dabht an curaclam nua bunscoile atá againn go minic chun a chur in iúl dúinn go bhfuil na cleachtais atá ar siúl in ár nGaelscoileanna mídhleathach agus nach bhfuil siad ag teacht leis an gcuraclam nua. Bhuel a chairde is raiméis atá ansin.

Níl aon ní luaite i gCuraclam nua na Bunscoile a chuireann cosc ar thumoideachas iomlán. Níl ach na ranganna roinnte ina ranganna aonair don mhatamaitic amháin. I ngach ábhar, agus ó thaobh teangacha de, i nGaeilge agus i mBéarla, is rang-ghrúpaí Naíonán a hAon agus a Dó, Rang a Trí agus a Ceathair, a Cúig agus a Sé atá luaite sa churaclam, agus luaitear na spriocanna foghlama, atá luath chun a bheith athbhaiste mar thorthaí foghlama má chreidimid na scéalta, luaitear na spriocanna foghlama a bhaineann leo sin go sonrach do na rang-ghrúpaí sin, do na naíonáin. Is fiú é sin a choimeád san áireamh.

Cé go bhfuil dhá theanga i gceist ón tús, níl aon treoracha foilsithe i gCuraclam na Bunscoile ná ag cigireacht na Roinne Oideachais agus Eolaíochta, faoin mbealach is éifeachtaí chun an dátheangachas agus forbairt na délitearthachta laistigh den chóras bunscoile a chur i bhfeidhm. Níl an córas tumoideachais luaite i gCuraclam na Bunscoile agus níl sainmhíniú i gCuraclam na Bunscoile ar an délitearthacht faoi láthair. Tá sainmhínithe ar an délitearthacht tugtha ag

There are different kinds of immersion education. Full immersion education, or full early-immersion or early full-immersion, or whatever term you like, or as Harris calls it, full immersion education, is being practiced in this country's *Gaelscoileanna* at the moment. This is how Ní Mhaoláin, from Gaelscoileanna Teoranta describes the practice in 2005:

> Full immersion education is recognised all over the world as the most effective system to teach the second language or to gain it in a school setting... An immersion education system basically means that the children are immersed in the target language (p.9)

Johnson and Swain describe the different kinds of immersion education. There is a diversity of levels in which immersion education begins. Early immersion is the kind of immersion education that begins at the level of infant classes. There are medium-immersion and late-immersion programmes in other countries too, but there isn't the like in the country's schools at the moment, even though it is interesting that that is what Harris recommended when he found that the bottom had fallen from the standard of Irish in classes of ordinary schools in 2006. He recommended that:

> different kinds of intermediate immersion education be developed, that wouldn't be as ambitious as the full immersion education approach taken in all-Irish schools, but that would be more ambitious than the extended one-subject programme. Those intermediate programmes are reasonably common in other places (2006: 192)

A basic problem we have in this country is that there is no immersion education continuum; that Ireland's parents don't have any choice but to send their child to a school that is teaching through English or to a school that is teaching completely through the medium of Irish. And you would think that this State would be ahead of the pack, a State that aspires to be bilingual, that it is our aim to have bilingual citizens. You would think that we would be able to provide the country's parents with different kinds of programmes. If they don't sail on the immersion education boat at infant classes' level, well forget it for the most of them. They wouldn't have any choice after that, unfortunately.

The new Primary School Curriculum is often used without doubt to let us know that the practices in our *Gaelscoileanna* are illegal and that they are not in harmony with the new curriculum. I can tell you that this is nonsense.

There is no such thing mentioned in the new Primary School Curriculum that bans full immersion education. The classes are divided up into individual classes for mathematics only. In every subject, and from the point of view of languages, in Irish and in English, the class-groups Infant Classes, First and Second, Third and Fourth, Fifth and Sixth are mentioned in the curriculum, and the learning targets are mentioned - which will soon be renamed as learning results if we believe the stories - the learning targets that apply to them are mentioned specifically for those class-groups, for the infants. It is worth keeping that in mind.

Even though two languages are in question from the start, there are no guidelines published in the Primary School Curriculum, or by the Department of Education and Science's inspectorate, about the most effective way to implement bilingualism and the development of dual literacy within the primary school system. There is no immersion education system mentioned in the Primary School Curriculum and there is no definition of dual literacy in the Primary School Curriculum at present.

cigireachtaí eile, in áiteanna eile a léiríonn "The ability to speak, read and write easily in both languages and also the ability to move fluently between languages are part of dual literacy" (2002:3).

Cén fáth a bhfuil creatlach ama molta - agus tá an-chuid ráite faoin gcreatlach - nó faoin íosmhéid ama atá molta, "that's recommended for teachers". Cén fáth go bhfuil sé sin molta sa churaclam? Deir an curaclam linn go bhfuil sé molta:

> D'fhonn cuidiú le múinteoirí agus le scoileanna cur i bhfeidhm an churaclaim a phleanáil, moltar creatlach ama a dháileann íosmhéid ama ar gach achar den churaclam ... Tá sé tábhachtach go n-úsáidfeadh na múinteoirí an chreatlach atá molta maidir le dáileadh ama ar an mbealach is solúbtha, d'fhonn teagasc an churaclaim a dhéanamh chomh héifeachtach agus chomh héifeachtúil agus is féidir (Curaclam na Bunscoile, 1999, Réamhrá: 67-68).

Measaim go bhfuil an-tábhacht ag baint leis na habairtí sin, mar sin é go díreach, is dóigh liomsa, an úsáid atá á baint ag Gaelscoileanna, scoileanna lántumoideachais, as an gcuraclam chun an teagasc sa churaclam a dhéanamh chomh héifeachtach agus chomh héifeachtúil agus is féidir.

Iarrtar ar mhúinteoirí, dála an scéil, sa churaclam céanna 'caithfidh sé/sí cur chuige nuálach i leith an teagaisc a chleachtadh agus bheith eolach ar athruithe agus forbairtí i dteoiric agus i gcleachtadh an oideachais' (ibid:21). Anois, is dóigh liom, go bhfuil an-chuid foghlamtha againn faoi shealbhú teanga agus foghlaim teanga ó chuaigh Macnamara ar an mbóithrín seo, agus is dóigh liom go mba cheart dúinn cuid den mhéid atá foghlamtha againn mar gheall ar an luath-thumoideachas iomlán a chur i bhfeidhm. Ní léir dúinn, áfach, go bhfuil an "tumoideachas iomlán" i measc na bhforbairtí i dteoiric atá i gceist ag an gcuraclam.

Aithnítear an sainspiorad teangeolaíochta atá ag scoileanna san Acht Oideachais agus iarrtar, nó leagtar cúram, ar an mbord bainistíochta:

> spiorad sainiúil na scoile, mar a chinntear é de réir na luachanna agus na dtraidisiún cultúrtha, oideachais, morálta, creidimh, sóisialta, teangeolaíocha agus spioradálta is bun le cuspóirí agus stiúradh na scoile agus is saintréithe den chéanna, a chosaint agus beidh sé cuntasach as iad a chosaint ... (1998:15 (2) (b))

Tuigtear dom, nuair a bhíonn tú cuntasach don phatrún, tá tú cuntasach don phátrún as na saintréithe sin a chosaint.

Seo an méid a deir an réamhrá faoi theanga sa churaclam, deirtear:

> Cuimsíonn teanga sa Churaclam an Ghaeilge agus an Béarla, agus múintear í i dtrí chomhthéacs dhifriúla scoile: scoileanna arb é an Béarla máthairtheanga na bpáistí agus an príomh-mheán teagaisc iontu; scoileanna arb í an Ghaeilge go coitianta teanga an bhaile agus an meán teagaisc na scoile; agus scoileanna lán-Ghaeilge arb í, nó nach í, an Ghaeilge teanga an bhaile ach arb í meán teagaisc na scoile í (1999:43).

Aithníonn an Curaclam go bhfuil trí chomhthéacs difriúla scoile, trí fhoshuíomh éagsúla sochtheangeolaíocha teanga, más maith leat, ina bhfuil teanga dá mhúineadh sa tír seo.

Other inspectorates have given definitions of dual literacy, in other places that show 'The ability to speak, read and write easily in both languages and also the ability to move fluently between languages are part of dual literacy' (2002:3).

Why is there a time framework recommended - and there is a lot said about the time framework - or about the minimum time "that's recommended for teachers"? Why is that recommended in the curriculum? The curriculum tells us that it is recommended

> To assist teachers and schools in planning the implementation of the curriculum, a time frame-work is suggested that allocates a minimum time to each of the curriculum areas ... It is important that teachers use the suggested framework on time allocation in the most flexible way, in order to make the mediation of the curriculum as effective and efficient as possible (1999, Introduction: 67-68).

I believe that a lot of importance is attached to those sentences, because that is exactly, in my opinion, what *Gaelscoileanna* - full immersion schools - are using from the curriculum to make the teaching in the curriculum as effective and as efficient as possible.

Teachers are asked, by the way, in the same curriculum 'the teacher needs to adopt innovative approaches to teaching and to be aware of changes and developments in educational theory and practice' (ibid: 21). Now, I think that we have learnt a lot about language acquisition and learning since Macnamara went down this path, and I think we should implement some of what we have learnt about full early-immersion education. It is not apparent to us either if "full immersion education" is amongst the developments in question in the curriculum.

The Education Act recognises the characteristic linguistic spirit of schools, and the bord of management is asked, or duty is placed on it to:

> uphold, and be accountable to the patron for so upholding, the characteristic spirit of the school as determined by the cultural, educational, moral, religious, social, linguistic and spiritual values and traditions which inform and are characteristic of the objectives and conduct of the school ... (1998: 15 (2) (b))

As far as I know, when you're accountable to the patron, you're accountable to the patron for upholding those characteristics.

This is all that the introduction says about language in the curriculum, it says:

> Language in the Curriculum comprises Gaeilge and English and it is taught in three different school contexts: schools in which English is the mother-tongue of the children and the principal medium of instruction; schools where Irish is, typically, the language of the home and in the medium of instruction in school; and scoileanna lán-Ghaeilge, where Irish may or may not be the language of the home, but where it is the medium of instruction in school (1999: 43)

The Curriculum recognises that there are three different kinds of school contexts, three different sociolinguistic situations, if you want, in which a language is taught in this country.

Aithníonn Curaclam na Bunscoile a leithéid, agus deirtear:

> Tá dhá churaclam ann sa Ghaeilge: ceann do scoileanna arb é an Béarla an meán teagaisc iontu agus ceann eile do na scoileanna Gaeltachta agus lán-Ghaeilge. I scoileanna ina bhfuil an Béarla mar mheán teagaisc, tugtar deis do na páistí inniúlacht chumarsáide a ghnóthú ar féidir forbairt a dhéanamh uirthi in oideachas an dara leibhéal agus sa saol ina dhiaidh sin ...

- Ní deir sé sin mórán.

> ... I scoileanna Gaeltachta agus i scoileanna lán-Ghaeilge, is í an Ghaeilge teanga na scoile. Cuireann an curaclam do na scoileanna seo comhthéacs ar fáil ina ngnóthóidh na páistí máistreacht níos leithne ar an nGaeilge. Déanfar a n-oilteacht a threisiú a thuilleadh trí thaithí a fháil ar an nGaeilge mar mheán foghlama (ibid).

Níl aon aitheantas tugtha sa Churaclam Bunscoile do na suímh éagsúla ceannann céanna ina bhfuil Béarla á theagasc. Ar an láimh amháin deir an Curaclam linn 'cuimsíonn teanga sa Churaclam an Ghaeilge agus Béarla' agus aithnítear trí chomhthéacs sochtheangeolaíocha éagsúla don Ghaeilge. Ar an láimh eile don Bhéarla, feileann rud amháin do chách agus ar aghaidh leat.

Níl sé sin maith go leor i mo thuairimse. Níl ach curaclam amháin ann do gach aon suíomh. Is cuma cén saghas scoile atá i gceist. Meastar go bhfuil curaclam an Bhéarla oiriúnach don Ghaeltacht, don Ghalltacht agus don ghaelscoil. Níl na focail "Gaeltacht", "scoil lán-Ghaeilge" nó "Gaelscoil" fiú amháin luaite sna leabhair churaclaim don Bhéarla. Chomh fada is a bhaineann sé leis an Béarla sa tír seo, ní ann don Ghaeltacht, ná do scoil lán-Ghaeilge ná don Ghalltacht ach an oiread.

Cuimsíonn teanga sa churaclam an Ghaeilge agus an Béarla, mar a dúirt mé. Ach, is léir ó scrúdú níos doimhne go bhfuil teanga áirithe níos tábhachtaí ná teanga eile chomh fada is a bhaineann sé le litearthacht:

> Leagtar béim faoi leith ar theanga ó bhéal sa churaclam toisc go bhfuil sí fíorthábhachtach i dtaca le forbairt chumas ginearálta teanga an pháiste. Is toisc chinntitheach i bhforbairt chumas cognaíoch an pháiste í teanga ó bhéal agus éascaíonn sí sealbhú scileanna sóisialta agus cumarsáide. Thar aon ní eile, is í an eilimint is mó a dhéanann an curaclam Béarla a chomhtháthú í (ibid: 45).

An teanga ó bhéal is minice a úsáidtear chun a dhaingniú go mbeidh Gaelscoileanna ag múineadh Béarla sna naíonáin. Níl ráiteas mar sin déanta i gcomhthéacs na Gaeilge más ea: 'Is gné ríthábhachtach den churaclam Béarla é sealbhú scileanna litearthachta' (ibid: 45). Ní luaitear an focal "litearthacht" fiú uair amháin i gCuraclam na Gaeilge. Má tá páistí Gaeltachta atá á dtógáil le Gaeilge, nó páistí i nGaelscoil atá á dtógáil le Gaeilge, nó nach bhfuil á dtógáil le Gaeilge, atá curtha chuig an nGaelscoil chun ardchaighdeán litearthachta agus cumas sa teanga a fhorbairt - creid é nó ná creid é nach bhfuil an focal litearthacht luaite i gCuraclam na Gaeilge. Bíonn ort dul go dtí na treoirlínte do na múinteoirí sula gcastar an focal ort. Níl aon chur síos sna treoirlínte déanta ar shealbhú scileanna litearthachta trí Ghaeilge ach an méid seo:

The Primary School Curriculum recognises such situations, and says:

> There are two curriculums in Gaeilge: one for schools where English is the medium of instruction and one for Gaeltacht schools and scoileanna lán-Ghaeilge. In schools where English is the medium of instruction, children are given the opportunity to achieve a competence in Gaeilge, that can be developed in second-level education and in later life ...

- That does not say much.

> In Gaeltacht schools and scoileanna lán-Ghaeilge, Irish is the language of the school. The curriculum for these schools provides a context in which children will achieve a more extensive mastery of Irish. Their proficiency will be further enhanced by experiencing Irish as a learning medium (ibid).

Recognition is not given in the Primary School Curriculum for the same kind of situations in which English is being taught. On one hand, the Curriculum tells us that 'Language in the Curriculum comprises Gaeilge and English' and recognition is given to three sociolinguistic contexts for Irish. On the other hand for English, one size fits all and get on with it.

That is not good enough, in my opinion. There is only one curriculum for each situation. It doesn't matter what kind of school is in question. It is judged that the English curriculum is suitable for the *Gaeltacht*, for the Pale, and for the *Gaelscoil*. The words "*Gaeltacht*", "all-Irish school", and "*Gaelscoil*" are not even mentioned in the curriculum books for English. As far as it concerns English in this country, the *Gaeltacht* does not exist, nor do all-Irish schools or the Pale.

'Language in the Curriculum comprises Gaeilge and English' as I said. But it is evident by delving deeper that one language is more important than the other language as far as it concerns literacy:

> Oral language is accorded particular importance in the curriculum, as it is central to the development of the child's general language ability. Oral language is a crucial factor in the development of the child's cognitive abilities and it facilitates the acquisition of social and communicative skills. It is, above all, the principal integrating element in the English curriculum (ibid: 45).

It is the oral language that is used the most to ensure that *Gaelscoileanna* teach English in the infant classes. There is no statement like that made in the context of Irish, if so: 'The acquisition of literacy skills is a key feature of the English curriculum' it says (Primary School Curriculum 1999, Introduction: 45). The word "literacy" is not even mentioned in the Irish curriculum. If *Gaeltacht* children are being raised through Irish, or children in a *Gaelscoil* are being raised through Irish, or that are not being raised through Irish, that are sent to the *Gaelscoil* to develop a high standard of literacy and a capability in the language - believe it or not that the word literacy is not mentioned in the Irish Curriculum. You must go to the teachers' guidelines before you come across that word. All that is described in the guidelines of literacy skills acquisition through Irish is this:

sna scoileanna lán-Ghaeilge agus Gaeltachta moltar gan tosú ar léitheoireacht fhoirmiúil na Gaeilge agus an Bhéarla ag an am céanna agus an obair ó bhéal a luadh thuas a dhéanamh leis na páistí freisin. Socrófar sa scoil cén teanga lena dtosófar ar an léitheoireacht fhoirmiúil (Curaclam na Bunscoile 1999, Gaeilge, Treoirlínte do Mhúinteoirí: 131).

Mar sin, is léir ón ráiteas go n-aithnítear go bhfuil an deis ann tosú leis an léitheoireacht fhoirmiúil i scoileanna lán Ghaeilge leis an nGaeilge, más é sin cinneadh na scoile.

Is gá, áfach, dul i muinín na dtreoirlínte Béarla chun foghlaim conas é seo a dhéanamh. Tá an-chuid ráite sa churaclam mar gheall ar an gcéad bhliain agus obair bhéil sa Bhéarla, ach deirtear ann 'Consequently, much of the English programme in the child's first year at school will be devoted to oral language and informal reading activities' (Primary School Curriculum 1999, English Guidelines: 50). Go bunúsach bímid ag díriú sa chéad bhliain ar shealbhú litearthachta agus scileanna litearthachta na bpáistí ó thaobh obair ó bhéal agus mar sin de.

Deir saineolaithe i dtíortha eile, Lindholm- Leary agus mar sin de, go dtacaíonn an taighde ar chórais tumoideachais go soiléir leis an luath litearthacht sa sprioc theanga seachas i mBéarla. Má tá an obair ó bhéal mar bhunús leis an léitheoireacht do dhaltaí atá ag tosú ag foghlaim tríd an dara teanga, agus go bhfuil cinneadh déanta ag an nGaelscoil na scileanna litearthachta sin a thosú go foirmiúil trí Ghaeilge agus iad ag úsáid clár an Rialtais, nó clár na Roinne Oideachais 'Séideán Sí', ar mhaithe le rochtain iomlán an Churaclaim a chinntiú, luífeadh sé le réasún dar leat go dtumfaí na daltaí go hiomlán sa spriocteanga chun an próiseas sealbhaithe sin a éascú dóibh seachas é a dhéanamh deacair dóibh. Ní haon iontas, mar sin, go bhfuil faighte amach ag taighdeoirí eile go bhfuil cleachtais éagsúla i nGaelscoileanna nuair nach bhfuil treoir soiléir tugtha sa churaclam. Ach bhí sé sin amhlaidh i gcás an oideachais speisialta agus gnéithe eile den churaclam chomh maith. Bhí an curaclam á chur i bhfeidhm sna scoileanna sular tháinig na treoirlínte breise sin amach i ndiaidh sin. Agus táimid gann ar na treoirlínte sin fós ó thaobh na nGaelscoileanna.

Deirtear sa churaclam Gaeilge 'Ba cheart i gcónaí fanacht go mbíonn an páiste réidh don léitheoireacht agus bunús maith faoina c(h)umas cainte' - sin faoin nGaeilge sa ghnáthscoil (Curaclam na Bunscoile 1999, Gaeilge: 5).

Ag eascairt as seo, tá ceisteanna ríthábhachtacha. An bhfuil an luaththumadh iomlán á chleachtadh i nGaelscoileanna le cinntiú go bhfuil bunús maith faoi chumas cainte na ndaltaí sula dtosaíonn siad ar scileanna léitheoireachta i dteanga na scoile? Is dóigh liomsa go bhfuil: 'De ghnáth, ní thosófar ar léitheoireacht ar churaclam na Gaeilge go foirmiúil roimh rang a dó i scoileanna T2' (Curaclam na Bunscoile, 1999, Gaeilge, Treoirlínte do Mhúinteoirí: 10).

Faoin am seo, beidh bunús maith ag an bpáiste i léitheoireacht an Bhéarla, agus b'fhéidir go dtarlóidh méid áirithe traschuir don traschur scileanna. Ach is léir ón gcuraclam nach dtarlaíonn traschur ach ó Bhéarla go Gaeilge. Ní léiríonn an curaclam dúinn go dtarlaíonn traschur ó Ghaeilge go Béarla. Aithníonn na saineolaithe, áfach, go dtrasnaíonn scileanna léitheoireachta ó theanga go teanga, fiú nuair nach bhfuil na teangacha an-chosúil lena chéile. Maíonn Cummins (1998) gur dóichí éascú an traschuir seo ó mhionteanga go mórtheanga. Deir sé 'Transfer is more likely to occur from minority to majority language because of the greater exposure to literacy in the majority language outside of school and the strong social pressures to learn it' (lth.5).

in the all-Irish and *Gaeltacht* schools, it is recommended not to begin formal reading of Irish and of English at the same time and as was mentioned above, to do the oral work with the children. It will be decided in the school with which language formal reading will begin (Curaclam na Bunscoile 1999, Gaeilge, Treoirlínte do Mhúinteoirí: 131).

Therefore, it is evident from the statement above that it is recognised that the opportunity is there to start formal reading with Irish in all-Irish schools, if that is the school's decision.

It is necessary, however, to resort to the English guidelines to learn how to do this. There is a lot said in the curriculum about first year and oral work in English, but it says there 'Consequently, much of the English programme in the child's first year at school will be devoted to oral language and informal reading activities' (Primary School Curriculum 1999, English Guidelines: 50). Basically in the first year, we focus on the children's literacy acquisition and literacy skills from the point of view of oral work and so forth.

Experts in other countries, such as Lindholm-Leary say that the research on immersion education systems support early literacy in the target language, instead of in English. If the oral work is a basis for reading for students that are starting to learn through the second language, and if the *Gaelscoil* has decided to formally begin the literacy skills through 'Irish as they use the Government' programme, or the Department of Education's programme 'Séideán Sí' for the sake of ensuring complete access of the curriculum, it would stand to reason, it seems, that the students be immersed fully in the target language to facilitate that acquisition process for them, instead of making it difficult for them. It is no wonder, therefore, that other researchers have found that there are different practices in place in *Gaelscoileanna* when there is no clear guidance given in the curriculum. But that was the case with special education and other aspects of the curriculum as well. The curriculum was being implemented in the schools before extra guidelines came out after that. And we are still want of those guidelines from the point of view of *Gaelscoileanna*.

It says in the Irish curriculum 'One should wait until the child is ready for reading and has a good basis for oral competency" – that is with regard to Irish in the ordinary school (Curaclam na Bunscoile 1999, Gaeilge: 5).

All-important questions stem from this. Is full early immersion being practiced in *Gaelscoileanna* to ensure that students have a good basis for oral competency before they start reading skills in the language of the school? I think it is: 'Usually, reading does not formally begin in the Irish curriculum before Second Class in T2 schools' (Curaclam na Bunscoile, 1999, Gaeilge, Treoir-línte do Mhúinteoirí: 10).

By this stage, the child will have a good grounding in reading of English, and maybe some trans-ference will happen to the transfer of skills. But it is evident from the curriculum that transference only happens from English to Irish. The curriculum doesn't show us that transference happens from Irish to English. The experts recognise, however, that reading skills do cross from language to language, even when the languages are not very similar. Cummins (1998) claims that 'Transfer is more likely to occur from minority language to majority language because of the greater exposure to literacy in the majority language outside of school and the strong social pressures to learn it' (p.5).

Deir Cummins gur éasca agus gur fusa agus gur dóichí go dtarlóidh níos mó traschuir ón mion-teanga go dtí an mórtheanga. Níl ráiteas ama cinnte sa churaclam cathain go mba cheart tosú le léitheoireacht fhoirmiúil sa Bhéarla. Dá mbeadh, mar shampla, ráiteas ann a léireodh, de ghnáth tosóidh Gaelscoileanna agus scoileanna Gaeltachta léitheoireacht fhoirmiúil sa Bhéarla i Rang a hAon, bhainfeadh sé sin cuid mhaith den tasc agus den éiginnteacht go léir atá ann faoi láthair. Cad a deir an curaclam faoin tumoideachas agus tústheanga na léitheoireachta? Deirtear linn ó thíortha eile ina bhfuil an tumoideachas iomlán i bhfeidhm, seo an rud a tharlaíonn. San Albain, mar shampla:

> In the case of children entering a Gaelic-Medium school at P1 who are not fluent Gaelic speakers, the main emphasis in the first two years will be on gaining oral competence in Gaelic. This is the immersion phase. In general, English should not be introduced until pupils have attained Level A targets in the four language outcomes in Gaelic (Scottish Office Education Department, June 1993: 1).

Deir Johnstone:

> From the evidence of the study we conclude that pupils receiving Gaelic-medium primary education, whether or not Gaelic was the language of the home, were not being disadvantaged in comparison with children educated through English. In many though not all instances they outperformed English-medium pupils and in addition gained the advantage of having become proficient in two languages. As such, the findings of our research study ...

- sin focal nach eol don Roinn faoi láthair,

> ... though identifying areas for further progress should bring reassurance about the attainments achieved by Gaelic-medium pupils to parents, pupils, teachers, school managements, local authorities, national officials and not least the public in Scotland (Johnstone et al, 1999: 13).

Moltar an luath-thumadh iomlán mar chóras sa Bhreatain Bheag freisin, áit nach múintear Béarla do dhaltaí sna scoileanna Breatnaise go dtí mbíonn na daltaí sa tríú bliain scoile, ag tús Key Stage2. Bíonn na daltaí seo seacht nó ocht mbliana d'aois faoin am sin. Deir Johnstone faoin gcleachtas i gCeanada agus i dtíortha eile go dtosaíonn an tumadh iomlán sa kindergarten nó sa chéad ghrád agus bíonn an 100% sa spriocteanga ar feadh ceithre nó cúig bliana an mhúnla is láidre chun inniúlacht sa spriocteanga a fhorbairt. Agus an dátheangachas suimíoch mar phríomhaidhm ag Gaelscoileanna na tíre seo tá sé riachtanach go mbeadh an tumadh iomlán seo i bhfeidhm sna scoileanna.

Deir Ó Duibhir agus Ní Bhaoill in 2004: 'Tá sé le tuiscint go gcaithfidh dóthain teagmhála a bheith ag páistí i scoileanna Gaeltachta agus lán-Ghaeilge leis an nGaeilge chun cúiteamh a dhéanamh ar cheannasaíocht an Bhéarla le go mbainfidh siad dátheangachas suimíoch amach' (lth.12).

Is mar seo a deir Hickey i 1997 agus í ag cur síos ar naíonraí:

> I gcláir thumoideachais ar nós na Naíonraí agus córas na nGaelscoileanna in Éirinn, tugtar tacaíocht ar bhonn an phobail agus ar bhonn na sochaí do theanga an mhóraimh (An Béarla), agus cuirtear teanga na scoile (An Ghaeilge) le stór teangeolaíoch an pháiste (lth.4).

Cummins says that it is easier and more likely that transference will occur from the minority language to the majority language. There is no definitive statement of time in the curriculum about when formal reading in English should begin. If there were, for example, a statement that showed, that usually *Gaelscoileanna* and *Gaeltacht* schools begin formal reading in English in First Class, it would reduce a good part of the task and all of the uncertainty that exists at present. What does the curriculum say about immersion education and the initial language of reading? We are told from other countries in which full immersion education is implemented, that this is what occurs. In Scotland, for example:

> In the case of children entering a Gaelic-Medium school at P1 who are not fluent Gaelic speakers, the main emphasis in the first two years will be on gaining oral competence in Gaelic. This is the immersion phase. In general, English should not be introduced until pupils have attained Level A targets in the four language outcomes in Gaelic (Scottish Office Education Department, June 1993: 1).

Johnstone says:

> From the evidence of the study we conclude that pupils receiving Gaelic-medium primary education, whether or not Gaelic was the language of the home, were not being disadvantaged in comparison with children educated through English. In many though not all instances they outperformed English-medium pupils and in addition gained the advantage of having become proficient in two languages. As such, the findings of our research study ...

- that is a word which the Department doesn't know at present,

> ... though identifying areas for further progress, should bring reassurance about the attainments achieved by Gaelic-medium pupils - to parents, pupils, teachers, school management, local authorities, national officials and not least the public in Scotland (Johnstone et al, 1999: 13).

Full early immersion is recommended as a system in Wales as well, where English is not taught to students in the Welsh language schools until students are in the third year of school, at the start of Key Stage 2. These students are seven or eight years of age by that stage. About the practice in Canada and in other countries, Johnstone says that full immersion begins in kindergarten or in first grade and 100% in the target language for four or five years is the strongest model to develop competence in the target language. As additive bilingualism is the main aim of the country's *Gaelscoileanna*, it is necessary that this full immersion be implemented in the schools.

Ó Duibhir and Ní Bhaoill say in 2004: 'It is to be understood that children in *Gaeltacht* and all-Irish schools must have enough contact with Irish to compensate for the domination of English so that they can achieve additive bilingualism' (p.12).

This is how Hickey in 2007 describes all-Irish playgroups:

> In immersion education programmes like the *naíonraí* and the *Gaelscoileanna* system in Ireland, support is given to the language of the majority (English) on a community and societal basis and the language of the school (Irish) adds to the child's linguistic store (p.4).

Sa tuairisc a d'ullmhaigh Steven May et al sa Nua Shéalainn don Aireacht Oideachas ansin, mar i dtíortha eile iarann airí oideachais ar institiúidí taighde a dhéanamh chun a chur ar a gcumas a cinntí réasúnta, ciallmhara, eolaíocht bhunaithe a dhéanamh ar nithe a bhaineann le teanga na tíre agus le traidisiún agus le hoidhreacht na tíre. Sa Nua Shéalainn tarlaíonn sé sin, mar eolas daoibh. Léirítear gur mó buntáiste a bhaineann leis an dátheangachas suimíoch. Deir siad:

existing research points unequivocally ...

- is maith liom an focal sin,

... to the cognitive, social and educational advantages of bilingualism when an additive approach to bilingualism is taken. An additive approach to bilingualism presupposes that bilingualism is a benefit and resource, both for individuals and the wider society, which should be maintained and fostered (lth.1).

Sin í go díreach an réamhghlacan a bhíonn ag tuismitheoirí nuair a roghnaíonn siad Gaelscoileanna. Sin é go díreach an rud atá sa cheann ag an Rialtas nuair a bhí an ráiteas i leith na Gaeilge á chur amach acu, go bhfuil an Ghaeilge tábhachtach do shochaí na tíre seo, d'oidhreacht na tíre seo agus don Eoraip cinnte.

Agus b'fhéidir gurb as an Eoraip a thiocfaidh na freagraí seo go luath. San athbhreithniú ar an litríocht a rinne Ó Laoire agus Harris sa Samhain, 2006, don CNCM, bhí an-obair déanta acu agus an-taighde déanta acu agus an-phlé leis an earnáil déanta ag an CNCM chun teacht ar a leithéidí seo:

B'fhéidir nach bhfuil aon slí cheart amháin ann, aon straitéis bharr-mhaith amháin do thabhairt isteach na luath-léitheoireachta, a d'oirfeadh do gach scoil lán-Ghaelach.

- B'fhéidir nach bhfeileann rud amháin do chách, go bunúsach, a bhí siad ag rá. D'aontóinn leis sin.

B'fhéidir, mar sin, nár chóir a bheith ag iarraidh an choimhlint dhealraitheach churaclaim seo a réiteach le moladh uilíoch. B'fhéidir nach mbeadh moladh mar é, sa staid eolais ina bhfuilimid faoi láthair, chun leasa thodhchaí na scoileanna lán- Ghaeilge ná forbairt na litearthachta i bpáistí sna scoileanna sin (2006: 51).

- a dúirt Ó Laoire agus Harris don CNCM ag tagairt don staid eolais ina bhfuilimid nó sa dorchadas agus coinneal nó dhó fós ag lasadh.

Deir Kathryn J. Lindholm-Leary linn áfach, go léiríonn an taighde i gCeanada agus sna Stáit Aontaithe go mba cheart an léitheoireacht a thosú tríd an sprioctheanga agus go mbíonn gnóthachtáil na ndaltaí sa léitheoireacht inchomparáideach lena gcomhdhaltaí i seomraí ranga aonteangacha faoi na meánbhlianta bunscolaíochta:

... that teaching literacy through the second language does not place language majority students at risk in their development of the two languages. By third or fourth grade they usually score at least as high as native English speakers from monolingual classrooms on standardized tests of reading achievement (Genesee, 1987; Lambert, Genesee, Holobow

In the report authored by Steven May et al in New Zealand for the Ministry of Education there - because in other countries ministers of education require institutes to do research to enable them to make reasonable, sensible and science-based decisions on things that apply to the country's language, tradition and heritage. In New Zealand, that happens, for your information. It is shown that more of an advantage applies to additive bilingualism. They say:

> existing research points unequivocally...

- I like that word,

> ... to the cognitive, social and educational *advantages* of bilingualism when an additive approach to bilingualism is taken. An additive approach to bilingualism presupposes that bilingualism is a benefit and resource, both for individuals and the wider society, which should be maintained and fostered (p.1).

This is exactly what parents presuppose when they choose *Gaelscoileanna*, that is exactly what the Government had in mind when they were issuing their statement on the Irish language, that Irish is important for the country's society, heritage and for Europe certainly.

And maybe it will be from Europe that these answers will come soon. In the literature review carried out by Ó Laoire and Harris in November 2006 for the NCCA, having done very good work and research and with the NCCA having carried out a lot of discussion with the industry, they come up with this:

> Maybe there is no one right way, no one superior strategy for the introduction of early literacy that would suit every all-Irish school.

- Maybe one size does not fit all is what they were basically saying. I would agree with that.

> Maybe, therefore, this apparent curriculum contest should not be solved with one universal recommendation. Maybe a recommendation like this, in the information situation in which we are at present, would not benefit the future of the all-Irish schools or the development of literacy in children in those schools (2006: 51).

- is what Ó Laoire and Harris said to the NCCA whilst referring to the information situation in which we are, or the darkness in which a candle or two are still burning.

Kathryn J. Lindholm-Leary tells us however, that the research in Canada and in the United States shows that reading should begin through the target language and that the students' attainment in reading is not comparable with those of their fellow students in monolingual classrooms by the time of the intermediate years of primary school:

> that teaching literacy through the second language does not place language majority students at risk in their development of the two languages. By third or fourth grade they usually score at least as high as native English speakers from monolingual classrooms on standardized tests of reading achievement (Genesee, 1987; Lambert, Genesee, Holobow & Chartrand,

& Chartrand, 1993; Lindholm-Leary, 2001; Lindholm-Leary & Molina, 2000). These results hold true for low– and middle-income African American students in French Immersion, and in Spanish and Korean dual language immersion programs … thus the literature on bilingual and immersion education programs clearly supports early literacy instruction through the non-English language (Cloud et al 2000), (2005: 35).

Cad ina thaobh? Deirtear, cuid mhaith: 'Experts in dual language programs note that dual language students will often read for pleasure in the non-English language in the first and second grade (2005: 36). Só tá siad ag léamh sa mhionteanga sa chéad rang agus sa dara rang, deir siad. Agus ansin tosaíonn siad sa tír sin ar an mBéarla.

Ach cén fáth a bhfuil litearthacht sa sprioctheanga tábhachtach? Deir siad 'If the children do not begin reading in the non-English language until second or third grade, after they have begun reading in English, they may never choose to read for pleasure in the non English language' (ibid).

Agus má tá cruthú de dhíth orainn air sin, labhair le haon duine a fáisceadh agus a tógadh agus a tháinig as an nGaeltacht, áit ar cuireadh, de ghnáth, oideachas nó léitheoireacht trí Bhéarla mar an gcéad rogha scolaíochta dóibh. Faraor níl an oiread sin léitheoirí fásta Gaeilge i nGaeltachtaí na tíre seo ag léamh dá bpléisiúr féin. B'fhéidir go bhfuil baint aige sin leis.

So "If the children do not begin reading in the non-English language … after they have begun reading in English, they may never choose to read for pleasure". Agus tuigeann gach uile dhuine sa seomra seo an tábhacht a bhaineann leis an léitheoireacht:

> Based on international research it is argued that children in a total immersion situation can engage with literacy in the second language because their exposure to the first language is intense in the environment (Neil et al, 2000: 59 & Cummins, 2000a). If, therefore, a school adopts a policy of total immersion in junior infants then the introduction of literacy in Irish would appear to be the most appropriate (CNCM, 2006: 18).

- Sin an toradh a bhí ar an CNCM in 2006.

Leanfaidh mé ar aghaidh go tapa agus ag caint faoin teanga, faoin mBéarla agus faoi na teangacha Ceilteacha agus faoin nGaeilge. Tá roinnt taighde againn a léiríonn … Deir Lyddy agus í ag cur síos ar ortagrafaíocht na Gaeilge a roinneann tréithe le teangacha ceilteacha eile, deir sí:

> Welsh, Gaelic and Irish have relatively transparent alphabetic orthographies that have been subject to regular review and standardisation in recent decades. Notwithstanding differences across dialects, compared with English they have fewer inconsistencies, with relatively predictable print sound mappings (2005: 1).

Léirigh Spencer agus Hanley sa Bhreatain Bheag na buntáistí do dhaltaí na Breatnaise a d'fhoghlaim léitheoireacht trí Bhreatnais i gcomparáid le Béarlóirí a d'fhreastail ar scoileanna Béarla, leis an mbuntáiste is mó léirithe do na daltaí is laige. Go bunúsach bhí Spencer agus Hanley ag rá go mbeadh sé níos éasca léamh i mBreatnais, nó scileanna litearthachta a shealbhú i mBreatnais ná mar a bhí sé i mBéarla, go háirithe do na daltaí is laige agus na buntáistí is mó le feiceáil ansin. Tá Lyddy den tuairim chéanna agus í ag cur síos ar an ábhar seo i gcomhthéacs na hÉireann. Deir sí:

1993; Lindholm-Leary, 2001; Lindholm-Leary & Molina, 2000). These results hold true for low– and middle-income African American students in French Immersion, and in Spanish and Korean dual language immersion programs ... thus the literature on bilingual and immersion education programs clearly supports early literacy instruction through the non-English language (Cloud et al 2000), (2005: 35).

Why? It is often said: 'Experts in dual language programs note that dual language students will often read for pleasure in the non-English language in the first and second grade' (2005: 36). So they say they are reading in the minority language in First Class and Second Class. And then they start in that country in English.

But why is literacy in the target language important? They say 'If the children do not begin reading in the non-English language until second or third grade, after they have begun reading in English, they may never choose to read for pleasure in the non English language' (ibid).

And if we need proof of that, speak to anybody that was born and raised and came from the *Gaeltacht*, a place in which education or reading through English was usually the first option offered to them. Unfortunately there are not that many adult readers in Irish in this country's *Gaeltachtai* reading for their own pleasure. Maybe that has something to do with it.

So "If the children do not begin reading in the non-English language...after they have begun reading in English, they may never choose to read for pleasure". And every single person in this room understands the importance of reading:

> Based on international research it is argued that children in a total immersion situation can engage with literacy in the second language because their exposure to the first language is intense in the environment (Neil et al, 2000: 59 & Cummins, 2000a). If, therefore, a school adopts a policy of total immersion in junior infants then the introduction of literacy in Irish would appear to be the most appropriate (CNCM, 2006: 18).

- That was the NCCA's results in 2006.

I will continue quickly while speaking about language, about English and about Celtic languages and Irish. We have some research that shows... Lyddy says whilst describing the orthography of Irish that shares traits with other Celtic languages, she says:

> Welsh, Gaelic and Irish have relatively transparent alphabetic orthographies that have been subject to regular review and standardisation in recent decades. Notwithstanding differences across dialects, compared with English they have fewer inconsistencies, with relatively predictable print sound mappings (2005: 1).

Spencer and Hanley in Wales showed the benefits for Welsh students who learned reading through Welsh, in comparison to English speakers who attended English-speaking schools, with the biggest advantage shown for the weakest students. Basically Spencer and Hanley were saying that it would be easier to read in Welsh, or to acquire literacy skills in Welsh than it was in English, especially for the weaker students and the biggest advantages to be seen there. Lyddy is of the same opinion while describing this subject in the context of Ireland. She says:

Data currently being analysed by my research team suggests similar benefits from Irish for reading generally. Studies from other countries support the idea that literacy emerges through immersion without disadvantaging the majority language. Some of these effects may be due to orthography. Perhaps, learning a shallow orthography encourages the relationship between writing and sound, facilitating reading generally…At the very least, it would appear that the concerns over the effect on English literacy are unsubstantiated (2005: 3).

Go bunúsach, tá gach dream eile, i ngach tír eile ina bhfuil an tumoideachas iomlán á chleachtadh, ag rá "that the concerns over the effect on English literacy are unsubstantiated".

Deir Bournot-Trites that 'the loss of instructional time in English in favour of the second language has never' - agus ní deir taighdeoirí go mall é – 'never been shown to have negative effects on the achievement of the first language.' "The loss of instructional time in English in favour of the second language has never been shown to have negative effects on the achievement of the first language."

Deir Cummins agus é ag cur síos air seo:

> in some socio-linguistic contexts, transfer across languages not only compensates for the reduction of instruction in the majority language but also enhances aspects of students command of the majority language possibly as a result of the development of greater metalinguistic awareness (2005: 5).

Deir Cummins, ní hamháin nach bhfuil tú thíos leis, ach b'fhéidir go bhfuil tú thuas leis. B'fhéidir go bhfuil na buntáistí le baint as.

Dealraítear, agus sinn ag féachaint ar thaighde ó Thír na mBascach agus ón gCatalóin, go bhfuil buntáistí breise le baint as an gcóras tumoideachais agus do pháistí atá déliteartha sna tíortha sin i sealbhú na tríú teanga.

Deir Sanz (2000), 'results from the present study show that immersion programs in the minority language, whether in the Basque Country or in Catalonia, produce more efficient L3 learners' (lth.33-34) Tuigeann gach duine go bhfuil an scéal sin amuigh le fada gur fusa an tríú teanga a fhoghlaim nuair atá an dara teanga agat agus mar sin de. Só má táimid dáiríre faoi mháthairtheanga + 2, ba cheart dúinn bheith ag deimhniú go bhfuil páistí na hÉireann déliteartha agus dátheangach ag an aois is óige, le cur ar a gcumas bheith ina "more efficient L3 learners", mar a tharlaíonn i dtíortha eile.

Caitear anois is arís an "scud" seo i dtreo na Gaelscolaíochta maidir le caighdeán Béarla daltaí Gaelscoile. Agus ní léifidh mé cuid de na rudaí atá ráite ag an Aire, mar ní bheadh sé féaráilte ach léifidh mé an ceann seo daoibh, chun a bheith cothrom: 'Why shouldn't the nine or ten year olds in the Gaelscoil be able to read Harry Potter in the same way as the child down the road is?' (Mary Hanafin, Today FM, 'The Last Word', 2 Lúnasa 2007:3.27-3.34).

Bhí mise istigh i bpluais i Ruán i gContae an Chláir ag déanamh mo thráchtais ag an am sin, agus tháinig sé seo tríd an aer chugam ar an raidió, agus bhí mé fíor-bhuíoch di mar spreagadh mé arís chun dul i mbun oibre agus b'fhéidir céad leathanach breise a chur leis an tráchtas. Gabh mo leithscéal do m'fheitheoir faoi sin.

Data currently being analysed by my research team suggests similar benefits from Irish for reading generally. Studies from other countries support the idea that literacy emerges through immersion without disadvantaging the majority language. Some of these effects may be due to orthography. Perhaps, learning a shallow orthography encourages the relationship between writing and sound, facilitating reading generally…At the very least, it would appear that the concerns over the effect on English literacy are unsubstantiated (2005: 3).

Basically every other group, in every other country in which immersion education is being practiced, are saying "that the concerns over the effect on English literacy are unsubstantiated."

Bournot-Trites says that 'the loss of instructional time in English in favour of the second language has never' - and researchers do not say it slowly – 'never been shown to have negative effects on the achievement of the first language.' "The loss of instructional time in English in favour or the second language has never been shown to have negative effects on the achievement of the first language."

Whilst describing this, Cummins says:

in some socio-linguistic contexts, transfer across languages not only compensates for the reduction of instruction in the majority language but also enhances aspects of students command of the majority language possibly as a result of the development of greater metalinguistic awareness (2005: 5).

Cummins says, not only do you not suffer, but maybe you benefit from it. Maybe there are advantages to gain from it.

It appears, as we look at research from the Basque Country and from Catalonia that there are extra benefits to be gained from the immersion education system and for children who have dual literacy in those countries in the acquisition of the third language.

Sanz (2000) says 'results from the present study show that immersion programs in the minority language, whether in the Basque Country or in Catalonia, produce more efficient L3 learners' (p.33-34). Everybody understands that it is long known that it is easier to learn the third language when you have the second language and so forth. So if we are serious about mother tongue +2, we should be affirming that the children of Ireland have dual literacy and are bilingual at the earliest age, to enable them to be "more efficient L3 learners", as it happens in other countries.

Every now and then, this "scud" is sent towards Irish language education as regards the standard of English of *Gaelscoil* students. And I will not read some of the things that the Minister has said, because that would not be fair, but I will read this one for you, to be fair: 'Why shouldn't the nine or ten year olds in the Gaelscoil be able to read Harry Potter in the same way as the child down the road is?' (Mary Hanafin, Today FM, 'The Last Word', 2 Lúnasa 2007:3.27-3.34).

I was in a cave in Ruan in County Clare doing my thesis at that time, and this came towards me through the air on the radio, and I was very appreciative of her because I was inspired again to start working and to add maybe another one hundred pages to the thesis. I apologise to my supervisor about that.

Ach cén taighde atá againn? Bhuel tá taighde againn a léiríonn..., a rinne an Roinn Oideachais iad féin, i 1988, agus a rinne comparáid idir daltaí Gaelscoile, a foilsíodh i 1991, 'Report on the National Survey of English Reading in Primary Schools 1988', foilsithe i 1991, a deir go raibh na caighdeáin ghnóthachtála sa léitheoireacht Bhéarla ag daltaí Gaelscoile ní b'airde:

> The results of the 1988 survey demonstrate that children in fifth class in Scoileanna Lán-Ghaeilge ...

- notice that it is lán-Ghaeilge, and always has been, and not 'Páirt-Ghaeilge' or Leath-Ghaeilge',

> ... Lán-Ghaeilge were significantly better on the D88 test than their counterparts in ordinary schools. The reasons why pupils who are taught through the medium of Irish perform better on a test of English Reading than pupils who are taught through English is not readily apparent (An Roinn Oideachais, 1991: 26).

Agus lorgaíonn siad taighde breise. Bhuel tá beagnach fiche bliain imithe agus níor tharla an taighde sin go fóill, go dtí le déanaí.

Bhí roinnt taighde eile déanta ag Harris agus Murtagh a rinne comparáid idir Drumcondra Verbal Reading Test agus daltaí Gaeltachta agus Gaelscoile: 'The mean standard score (DVRT) for all sixth class pupils in Gaeltacht schools was 105. The corresponding scores for ordinary schools and in scoileanna lán-Ghaeilge were 109 and 115 respectively.' (Department of Education, 1991: 28).

Is léir ón mbeagán taighde seo go raibh ag éirí níos fearr le daltaí Gaelscoile i scrúduithe léitheoireachta Béarla agus i scileanna smaointeoireachta Béarla fiche bliain ó shin. An amhlaidh atá anois?

Cloisimid go leor faoin Roinn Oideachais, faoi scoileanna faoi mhíbhuntáiste agus daltaí ag freastal ar ghaelscoileanna faoi mhíbhuntáiste. Bhí baint agamsa le bunú scoileanna i gceantar faoi mhíbhuntáiste agus tá a fhios agam go maith nach iad an Roinn Oideachais an cara is mó a bhí againn a riamh agus na scoileanna sin á mbunú againn agus ag tabhairt rogha do thuismitheoirí as ceantar faoi mhíbhuntáiste blaiseadh a fháil ar an nGaelscolaíocht:

> Several research studies have shown that the achievement of pupils in schools designated as disadvantaged is significantly below those of pupils in other schools. Weir, Milis and Ryan (2002) found that the average attainment of sixth class pupils in reading and mathematics was significantly lower than that of ordinary pupils nationally (An Roinn Oideachais, 2005: 14).

- Sin timpeall na hÉireann go léir. Roghnaigh na cigirí 12 scoil le taighde a dhéanamh orthu nuair a rinne siad an LANDS (Literacy and Numeracy in Disadvantaged Schools) Survey. Bheadh alltacht ort na torthaí sin a léamh ar cé chomh holc is atá na caighdeáin litearthachta inár scoileanna DEIS, inár scoileanna faoi mhíbhuntáiste.

Rinne an ERC i nDroim Conrach taighde breise ag cur síos ar Reading Literacy in Disadvantaged Primary Schools in 2005 agus léirigh siad cé chomh holc is a bhí an scéal sin, 26.7% as rang a haon, 29.5% as rang a trí, 27.2% as rang a sé faoi bhun an deichiú faoin gcéad sna scoileanna sin. Beagnach an tríú cuid de na páistí sna scoileanna DEIS, faoi bhun na deichiú peircintíle. An tríú cuid de na daltaí, ochtar nó naonúr as fiche seacht, i do rang os do chomhair faoi bhun na deichiú peircintíle. Só tá fadhbanna ansin is léir.

But what research do we have? Well we have research that shows..., that the Department of Education itself conducted..., in 1988, that compared Gaelscoil students, that was published in 1991, 'Report on the National Survey of English Reading in Primary Schools 1988, published in 1991, that says that the standard of attainment of English reading by *Gaelscoil* students was higher:

> The results of the 1988 survey demonstrate that children in fifth class in Scoileanna Lán-Ghaeilge ...

- notice that it is '*lán-Ghaeilge*', and always has been, and not '*páirt-Ghaeilge*' or '*leath-Ghaeilge*',

> ... Lán-Ghaeilge were significantly better on the D88 test than their counterparts in ordinary schools. The reasons why pupils who are taught through the medium of Irish perform better on a test of English Reading than pupils who are taught through English is not readily apparent (Department of Education, 1991: 26).

And they look for more research. Well nearly twenty years have passed and that research still has not happened, until lately.

Harris and Murtagh had done some other research that compared the Drumcondra Verbal Reasoning Test of Gaeltacht and Gaelscoil students: 'The mean standard score (DVRT) for all sixth class pupils in Gaeltacht schools was 105. The corresponding scores for ordinary schools and in scoileanna lán-Ghaeilge were 109 and 115 respectively' (An Roinn Oideachais, 1991: 28).

It is evident from this little research that Gaelscoil students were getting on better in exams of English reading and English thinking skills twenty years ago. Is it still the same?

We hear a lot about the Department of Education, about disadvantaged schools and students attending disadvantaged *Gaelscoileanna*. I was involved in setting up schools in disadvantaged areas and I know well that the Department of Education were never our best friends as we were setting up those schools and giving a choice to parents from a disadvantaged area to get a taste of all-Irish education:

> Several research studies have shown that the achievement of pupils in schools designated as disadvantaged is significantly below those of pupils in other schools. Weir, Milis and Ryan (2002) found that the average attainment of sixth class pupils in reading and mathematics was significantly lower than that of ordinary pupils nationally (An Roinn Oideachais, 2005: 14).

- That's all around Ireland. The inspectors chose 12 schools to research when they did the LANDS (Literacy and Numeracy in Disadvantaged Schools) Survey. You would be astonished reading those results of how bad the literacy standards are in our DEIS schools, in our disadvantaged schools.

The ERC in Drumcondra conducted extra research describing Reading Literacy in Disadvantaged Primary Schools in 2005 and they showed how bad the situation was. 26.7% in First Class, 29.5% in Third Class, 27.2% in Sixth Class were beneath 10% in those schools. Nearly one third of the children in the DEIS schools beneath the tenth percentile. One third of the students, eight or nine out of twenty seven in your class in front of you beneath the tenth percentile. So it is evident that there are problems there.

Cad é an toradh a bhí ag Eivers, Shiel agus Shortt (2003) ar an gceist? Dúirt siad:

We suggest that current curriculum guidelines on time allocation are not appropriate ...

- seo hiad na taighdeoirí a rinne an taighde seo,

... for very disadvantaged schools ...

- agus is dócha go bhfuil an ceart acu. Aontaím 100% leo.

... Such schools should allocate at least 90 minutes a day to the classroom teaching of English. This should be supported by a substantive school-wide focus on language and literacy that is considerably stronger than that found in current intervention programmes (2005: 28).

Só tá an Foras Taighde ar Oideachas i nDroim Conrach ag rá nach leor na hidirghabhála atá ann faoi láthair gur gá rudaí níos fearr a chur i gcrích.

Léitheoireacht na Gaeilge
Cad a fuair Harris amach faoi léitheoireacht na Gaeilge i scoileanna lán-Ghaeilge? Bhuel, fuair Harris, cabhair Dé chugainn, thóg sé an-tamall ar an tuairisc sin teacht amach ó bholg na Roinne chomh maith, ach dúirt Harris, go bunúsach, maidir le ceist na léitheoireachta Gaeilge i scoileanna lán-Ghaeilge go raibh timpeall...na Gaelscoileanna ag teacht amach ag timpeall 85%, na scoileanna Gaeltachta, agus b'shin scoileanna laistigh de na limistéir Ghaeltachta mar a sainmhíníodh iad i 1956, ag teacht amach ag 70%. Bhí cuid de na scoileanna sin gan dabht nach raibh ag teagasc trí Ghaeilge, agus, go raibh, fan leis, an earnáil atá ag múineadh trí Bhéarla, ag teacht amach ag 38.9%, is dóigh liom.

Samhlaigh dá mbeadh a leithéid léirithe i gcás léitheoireacht an Bhéarla do dhaltaí Gaelscoile, nó do dhaltaí Gaeltachta, go raibh...samhlaigh dá mbeadh a leithéid léirithe. Ach léiríodh sin go heolaíoch, agus i gceart, agus go cruinn, agus léirigh Harris é in 2006, gíog ná míog, ní rabhthas féin ach a rá go raibh díomá orthu leis na torthaí a léirigh Harris. Díomá a deirim. Díomá?

Deir Harris:

Ba léir go raibh caighdeán léitheoireachta na ndaltaí i scoileanna lán-Ghaeilge i bhfad níos airde ná caighdeán léitheoireachta na ndaltaí i ngnáthscoileanna, leis na daltaí sa Ghaeltacht ag leibhéal idir eatarthu ach a bhí níos gaire do na scoileanna lán-Ghaeilge (2006: 94).

Deir sé:

Dá mbeadh meath substaintiúil tagtha ar chaighdeáin i matamaitic nó i léitheoireacht Bhéarla sa tréimhse atáthar a bhreithniú, mar shampla, bheadh sé tugtha faoi deara agus bheadh imní léirithe ag tuismitheoirí i bhfad níos tapúla ná mar a tharla i gcás na Gaeilge. Ar an mbonn sin, is túisce a bheadh brú chun gníomh leighis a dhéanamh (ibid: 188).

Bhuel tá an brú chun gníomh leighis fós ann, agus ní feicim go bhfuil puinn ag tarlú.

What was the result given by Eivers, Shiel and Shortt (2003) on the question? They said:

> We suggest that current curriculum guidelines on time allocation are not appropriate ...

- these are the researchers that conducted this research,

> ... for very disadvantaged schools ...

- and I suppose they are right. I agree with them 100%.

> ... Such schools should allocate at least 90 minutes a day to the classroom teaching of English. This should be supported by a substantive school-wide focus on language and literacy that is considerably stronger than that found in current intervention programmes (2005: 28).

So the Educational Research Centre in Drumcondra are saying that the interventions there at present are not enough and it is necessary to implement better things.

Reading of Irish

What did Harris find about the reading of Irish in all-Irish schools? Harris found...God help us it also took a long time for that report to come out from the belly of the Department..., but Harris said, basically, with regard to the question of the reading of Irish in all-Irish schools, that the *Gaelscoileanna* were emerging with around 85%, and the *Gaeltacht* schools - and those were schools within the area of the *Gaeltacht* as they were defined in 1956 – were emerging with 70%. Of course some of these schools weren't teaching through Irish, while, wait for it, the sector that are teaching through English are emerging with 38.9%.

Imagine if such was shown in the case of reading of English for *Gaelscoil* students, or for *Gaeltacht* students, imagine if such was shown. But we were shown that scientifically, correctly and accurately, and Harris showed it in 2006, without a peep, I was only saying that they were disappointed with the results that Harris showed. Disappointment, I say. Disappointment?

Harris says

> it was evident that the reading standards of students in all-Irish schools were much higher than the reading standards of students in regular schools, with the students in the *Gaeltacht* at an in between level , but were closer to the all-Irish schools (2006: 94).

He says:

> If standards of mathematics or in reading of English declined substantially in the period under review, for example, it would be noticed and parents would show concern a lot quicker than it happened in the case of Irish. On that basis, pressure to make remedial action would come sooner (ibid: 188).

The pressure for remedial action is still there, and I don't see that anything is happening.

Só cén polasaí tumoideachais atá ag an Roinn Oideachais? Braitheann sé ar cén cháipéis a léann tú. Braitheann sé ar cén bhliain a roghnaíonn tú agus braitheann sé ar cén duine atá á scríobh. Níl mé chun aon oifigigh a luadh, beidh áthas oraibh ar fad a chloisteáil.

Ar iarratas ón eagraíocht Gaelscoileanna, sheol oifigeach sinsearach de chuid na Roinne Oideachais agus Eolaíochta cóip de pholasaí nó de ráiteas tumoideachais na Roinne sin agus litir chlúdaigh chuig an eagraíocht sa bhliain 2006, ar iarratas ón eagraíocht, toisc go raibh imní ar an eagraíocht faoi na cleachtais éagsúla a bhí á gcur i bhfeidhm timpeall na tíre ag cigirí éagsúla, cuid acu ag moladh an luath-thumadh iomlán i gcontae amháin agus an chuid eile acu á cháineadh i gcontaetha eile sa chúige céanna, creid é nó ná creid. Tá cóip den aguisín sin ar fáil ar shuíomh Idirlín Ghaelscoileanna agus is dóigh liom fós. Admhaíonn an Roinn Oideachais agus Eolaíochta ina bpolasaí tumoideachais féin 'go léiríonn torthaí trialacha gur buntáiste oideachasúil ó thaobh foghlaim teangacha de, an dátheangachas' (Roinn Oideachais agus Eolaíochta, 2004: 1). Aithnítear an méid sin.

Leantar ar aghaidh sa pholasaí maidir leis an tumoideachais agus deirtear:

> Maidir le tumoideachas mar bhealach foghlama, ní hé go bhfuil polasaí ag an Roinn ar an gcoincheap ach go dtugann sí aird ar chanóin an eolais faoi agus a bhfuil le rá ag na húdair ... Tá cuid mhór scríofa ag Dr. Tina Hickey faoin scéal chomh fada is a bhaineann leis na naíonraí de agus ag an Dr. Jim Cummins, Éireannach atá ag saothrú i gCeanada. Is mór ag an Roinn an cuidiú a thug daoine mar iad (ibid).

Ach ansin téann siad ar aghaidh. Léirítear sa pholasaí maidir leis an tumoideachas mar choincheap go dtugtar aird ar chanóin an eolais. Luaitear an bheirt sin an Dr. Cummins agus an Dr. Hickey go pearsanta sa pholasaí. Is fiú féachaint céard atá ráite ag an Dr. Hickey faoi na cúrsaí seo go léir.

Dúirt sí , agus í ag cur síos ar na buntáistí a bhaineann leis an luath-thumadh:

> Dá réir sin, léiríonn fianaise an taighde go láidir gur dea-thoradh a leanann luath-thumadh i gcás páistí theanga an mhóraimh nuair nach bhfuil a gcéad teanga i mbaol ...

...an bhfuil an Béarla seo i mbaol a chairde?...

> ... agus gnóthachtáil acadúil nórmálta, nó gnóthachtáil níos fearr, mar thoradh air sin, chomh maith le gnáthscileanna sa chéad teanga agus ardscileanna sa dara teanga."

Is saineolaí idirnáisiúnta é an Dr. Cummins ar an tumoideachas agus thug an CNCM, a bhuíochas dóibh, cuireadh dó teacht inár láthair i mí an Mheithimh anuraidh chun labhairt linn faoi na ceisteanna seo. Bhí sé d'ádh orm féin cuireadh a fháil a bheith i láthair agus chuir mé ceist ar an Uasal Cummins, ceist amháin, fiafraíodh de an raibh cur amach aige ar aon taighde a bhí ar fáil ar fud an domhain a thacódh le seasamh na Roinne Oideachais agus Eolaíochta, a bhí ag beartú ag an am, ní raibh an droch-ghníomh déanta, bac a chur ar thumoideachas iomlán sa tír seo bunaithe ar thuairimíocht na Roinne Oideachais agus Eolaíochta go raibh Béarla daltaí Gaelscoile ag fulaingt, de bharr iad a bheith tumtha go hiomlán sa Ghaeilge.

So what policy do the Department of Education have? It depends on what document you read. It depends on what year you choose and it depends what person is writing it. I'm not going to mention any officers, you'll be delighted to hear.

At the request of the organisation Gaelscoileanna, a senior officer of the Department of Education and Science sent a copy or a statement on immersion education of that Department, along with a cover letter to the organisation in the year 2006, at the request of the organisation, because the organisation was worried about the different practices which were being implemented across the country by various inspectors, some of them recommending full early immersion in one county, and the rest of them criticising it in other counties in the same province, believe it or not. There's still a copy of that appendix available on Gaelscoileanna's website. The Department of Education and Science admit in their own immersion education policy 'that experimental results show that bilingualism is an educational benefit from the point of view of learning languages' (Department of Education and Science, 2004: 1) That much is recognised.

Following on with the policy on immersion education, it says:

> With regard to immersion education as a means of learning, it's not that the Department has a policy on the concept, but it pays attention to the body of information on it and what the authors say about it. A lot has been written by Dr. Tina Hickey about it as far as it applies to all-Irish playgroups, and by Dr. Jim Cummins, an Irishman working in Canada. The work of people like them is important to the Department (ibid).

But then they continue. It is shown in the policy on immersion education as a concept that the body of information is heeded. Those two people, Dr. Cummins and Dr. Hickey are personally mentioned in the policy. It is worth looking at what Dr. Hickey has said about all these matters.

While describing the benefits that apply to early immersion, she said:

> In accordance with that, the evidence of the research strongly shows that positive results ensue early immersion in the case of children of the majority language when their first language isn't endangered ...

- is English endangered my friends?,

> ... and results of which include normal academic attainment, or superior attainment, along with common skills in the first language and advanced skills in the second language."

Dr. Cummins is an international expert on immersion education and the NCCA – thanks to them – invited him in June of last year to speak to us about these questions. I was lucky enough to receive an invitation and I asked Mr. Cummins one question. I asked him did he have any information on any research that was available to the world that would support the stance of the Department of Education and Science, who were considering – there was no bad deed done – blocking full immersion education in this country, based on the opinions of the Department of Education and Science, that *Gaelscoil* students' English was suffering, as a result of their being fully immersed in Irish.

Is é a dúirt an Dr. Cummins ná:

> The surprising study I would point to from the Irish context, is John Macnamara's study. Macnamara was this black cloud over Gaelscoileanna back in the sixties and seventies because his survey, which was a massive survey, and one that he obviously deserves a lot of credit for having done, was a national study of Gaelscoileanna. What he found, what he claimed he found was that Irish Medium schools were having a negative effect on English. In actual fact, when you look at his data based on a national sample, it shows that there are no costs in terms of overall English development ...

- rinne sé é seo é féin i 1977 nó 1978 nuair a bhí sé féin ag obair san Fhoras Taighde i nDroim Conrach,

> ... So, the concern that Irish medium instruction is going to have some kind of adverse effect on childrens' English, I think, (I guess) people are entitled to their opinion, but it would be nice if their opinion was informed by some of the research that is out there and there's tons of research out there (Cummins, NCCA, 2007: Traic 20-34).

"'It would be nice if people's opinions were informed by research." Deir sé, nuair a bhí sé ag cur síos ar thaighde Macnamara, i 1978:

> Present-day immersion schools are very different from many of the earlier immersion schools in that parents are strongly committed to Irish. The available evidence suggests that in these schools, as in Immersion schools elsewhere, children achieve fluent L2 skills at no cost to their L1 (1978: 273).

Bhí sé siúd á rá i 1978. Deir sé ansin 'All of the research in the Canadian context ... out of hundreds of studies ... there is no contrary data' (Cummins, CNCM, 2007: Traic 20-34).

> There is no contrary data to support the opinion, or the misguided belief, that children in Gaelscoileanna, or in early-total immersion schools, coming from a majority language background, are disadvantaged.

> ...there is no contrary data. It shows that children catch up very rapidly in English as soon as formal English is taught and that by the end of the primary school there is either no difference, or children are doing better in English (Cummins, CNCM, 2007: Traic 20-34).

Cuireadh ceist amháin eile air, 'Will greater amounts of English instruction result in greater English achievement?' Dúirt sé 'The answer is simply no' (2000: 215). Now, níl a fhios agam cad a deir sé sin linn. Deir sé "will greater amounts of English instruction result in greater English achievements?" "The answer is simply no."

Deir polasaí na Roinne Oideachais ar an tumoideachas, deir sé 'Bunaíodh Curaclam an Bhéarla go bunúsach le freastal a dhéanamh den chuid is mó ar riachtanais fhoghlama an Bhéarla mar chéad teanga' (Roinn Oideachais agus Eolaíochta, 2004: 1). Seo againn an fhírinne. Bunaíodh Curaclam an Bhéarla chun freastal ar scoileanna Béarla, lánstad.

Dr. Cummins said:

> The surprising study I would point to from the Irish context, is John Macnamara's study. Macnamara was this black cloud over Gaelscoileanna back in the sixties and seventies because his survey, which was a massive survey, and one that he obviously deserves a lot of credit for having done, was a national study of Gaelscoileanna. What he found, what he claimed he found was that Irish Medium schools were having a negative effect on English ... In actual fact ... when you look at his data based on a national sample shows, that there are no costs in terms of overall English development ...

- he did this himself in 1977 or 1978 when he was working in the Educational Research Centre in Drumcondra,

> ... So, the concern that Irish medium instruction is going to have some kind of adverse effect on childrens' English, I think, (I guess) people are entitled to their opinion, but it would be nice if their opinion was informed by some of the research that is out there and there's tons of research out there (Cummins, NCCA, 2007: Traic 20-34).

"It would be nice if people's opinions were informed by research.". He says when he was describing Macnamara's research, in 1978:

> Present-day immersion schools Gaelscoilare very different from many of the earlier immersion schools in that parents are strongly committed to Irish. The available evidence suggests that in these schools, as in Immersion schools elsewhere, children achieve fluent L2 skills at no cost to their L1 (1978: 273).

He was saying that in 1978. He then says 'All of the research in the Canadian context ... out of hundreds of studies ... there is no contrary data' (Cummins, NCCA, 2007: Track 20-34).

> There is no contrary data to support the opinion, or the misguided belief, that children in Gaelscoileanna, or in early-total immersion schools, coming from a majority language background, are disadvantaged.

> ... there is no contrary data. It shows that children catch up very rapidly in English as soon as formal English is taught and that by the end of the primary school there is either no difference, or children are doing better in English (Cummins, NCCA, 2007: Track 20-34).

Another question was put to him, 'Will greater amounts of English instruction result in greater English achievement?' He said 'The answer is simply no' (2000: 215). Now I don't know what that tells us. He says "Will greater amounts of English instruction result in greater English achievement?" "The answer is simply no."

The Department of Education's policy on immersion education says 'The English Curriculum was established, basically to serve, for the most part, the learning needs of English as a first language' (Department of Education and Science, 2004: 1). Now we have it. The truth. The English Curriculum was established to serve English schools, full stop.

Seo an Curaclam Béarla ceannann céanna anois a bhfuil an tAire reatha ag cur iallach ar ghaelscoileanna agus scoileanna Gaeltachta trí eisiúint Imlitir: 0044/2007, Béarla a theagasc ó thús an dara téarma sna Naíonáin Shóisearacha. Níl a fhios agam conas a roghnaíodh tús an dara téarma sna Naíonáin Shóisearacha mar an t-am is oiriúnaí do ghaelscoileanna, nó an múnla is oiriúnaí. Ach tá cead faighte, go doicheallach, san imlitir é sin a chur siar go dtí tús an dara téarma, tar éis na Nollag sna Naíonáin Shóisearacha.

Tá sé seo á dhéanamh aici beag beann ar na cúinsí ina bhfuil na scoileanna san earnáil seo ag feidhmiú agus gan toradh ar bith ar mhianta na dtuismitheoirí, ar mhúinteoirí nó ar phríomhoidí sna scoileanna sin. Deir an polasaí tumoideachais atá ag an Roinn Oideachais féin. Deir siad:

> Níl ach beagán taighde déanta in Éirinn ar cheisteanna a bhaineann le tumoideachas, i bhfoghlaim an dara teanga sa bhunscoil go mór mór sna bunranganna. Baineann an taighde atá déanta le tíortha eile ...

-Deir polasaí tumoideachais na Roinne Oideachais é seo a leanas:

> Tá géarghá le tuilleadh taighde i gcomhthéacs na hÉireann ...

- Tá an Roinn Oideachais ag rá linn, i 2004, go bhfuil "géarghá le tuilleadh taighde i gcomhthéacs na hÉireann".

> ... Tá treoirlínte breise ag teastáil ... Tá an CNCM ag ullmhú na dtreoirlínte seo agus tá an tAire ag súil go mbeidh siad ar fáil sar i bhfad' (Roinn Oideachais agus Eolaíochta, 2004: 1).

Bhuel tuigimid cad a tharla dóibhsean. Is deacair a thuiscint go raibh an Roinn Oideachais agus Eolaíochta ag éileamh tuilleadh taighde ina polasaí féin ar na saincheisteanna a ardaíodh agus anois, nuair a thug an CNCM an deis ghlórmhar iontach dóibh an taighde seo a dhéanamh ar an gceithre mhúnla a bhí aitheanta acu, go ndúirt siad "ah, ná bac sin, cad a bheadh le foghlaim againn ó thaighde."

Dúirt an tAire Hanafin:

> The curriculum council said just do more research. Research just means, holding on, looking, delaying, seeing what the various options are. If the Gaelscoileanna were so attached to the idea of total immersion for two years, why is it that they are all not at it? A good third of them start English from the very beginning (Mary Hanafin, Today FM, ' The Last Word' 2 Lúnasa 2007: 4.12-4.38)

Bhí sí go maith an lá sin. Ach caithfimid a bheith dáiríre faoi. Lorg siad taighde sa bhliain 2004, tugadh deis ghlórmhar dóibh an taighde sin a dhéanamh, agus dúirt siad ansin nach raibh an taighde uathu, go raibh an t-eolas is fearr acu, agus go raibh an tuiscint is fearr acu ar na saincheisteanna seo go léir.

Léirítear dearcadh an Aire féin in áiteanna eile, agus labhraíonn sí faoin éagsúlacht chleachtais agus mar sin de. Ní luann sí in aon chor go raibh cigirí díograiseacha, dúthrachtacha de chuid na Roinne Oideachais ag dul isteach i nGaelscoileanna ag iarraidh orthu stop a chur leis an tumoideachas iomlán agus gurb é an rud a léiríonn mo thaighde féin go mbeadh ar a laghad

This is the same English Curriculum now that the current Minister is compelling *Gaelscoileanna* and *Gaeltacht* schools by the issuing of Circular: 0044/2007, to teach English from the start of the second term in Junior Infants. I don't know how the start of the second term was chosen as the most appropriate time for *Gaelscoileanna*, or as the most appropriate model. But permission has been given, begrudgingly, in the circular, to move that forward to the start of the second term, after Christmas, in Junior Infants.

She is doing this, with little regard for the circumstances in which schools in this sector are operating, without fruition for the wishes of parents, of teachers, or of principals in those schools. The Department of Education's own immersion education policy says:

> Only a little research has been done in Ireland on the issues that apply to immersion education, on the learning of the second language in primary school, especially in the junior classes. The research done applies to other countries ...

- The Department of Education's immersion education policy says as follows:

> There is an acute need for more research in the context of Ireland ...

- The Department of Education is telling us, in 2004, there is 'an acute need for more research in the context of Ireland.'

> ... More guidelines are needed ... The NCCA are preparing these guidelines and the Minister hopes they will be available soon (Department of Education, 2004: 1).

Well we understand what happened to them. It is hard to imagine that the Department of Education and Science were demanding more research in their own policy on the issues raised, and now, when the NCCA gave them glorious opportunity to do this research on the four models that they recognised, they said 'ah, don't bother with that, what would we learn from research.'

Minister Hanafin said:

> The curriculum council said just do more research. Research just means, holding on, looking, delaying, seeing what the various options are. If the Gaelscoileanna were so attached to the idea of total immersion for two years, why is it that they are all not at it? A good third of them start English from the very beginning (Mary Hanafin, Today FM, ' The Last Word' 2 August 2007: 4.12-4.38).

She did well that day. But we have to be serious about it. They looked for research in 2004, they were given a glorious opportunity to do that research, and then they said that they didn't want the research, that they had the best information, and that they had the best understanding of all of these issues.

The Minister's own viewpoint was shown in other places, and she talks about diversity of practice and so forth. She doesn't mention at all that there were fervent, devoted inspectors of the Department of Education going in to Gaelscoileanna and requesting them to stop full immersion education and that what my research shows that at least 70% of *Gaelscoileanna* would be practicing

70% de ghaelscoileanna ag cleachtadh tumoideachais iomláin ar feadh bliana, ar a laghad, dá gceadódh an Roinn Oideachais é. Ach níl an Roinn Oideachais ag smaoineamh air sin.

Téim ar ais go dtí Cummins arís agus deir sé "I think, (I guess), people are entitled to their opinion, but it would be nice if their opinion was informed by some of the research that's out there."

Rachaidh mé ar aghaidh agus caithfidh mé seal amháin eile faoi pholasaí tumoideachais na Roinne Oideachais mar tá an cheist seo an-sean. D'ardaigh an PCSP an cheist seo sa bhliain 2002, Feabhra 2002 i nuachtlitir a d'eisigh an PCSP, Primary Curriculum Support Programme, an dream a bhí ag cur an curaclam i bhfeidhm. D'ardaigh siad an cheist faoi threoirlínte breise a bheith ar fáil do ghaelscoileanna. Bhí sé sin ann sula raibh aon agóid, aon chonspóid, aon cheist, Airí eile, am eile, bhí gá le treoirlínte breise. Só tá sé sin tábhachtach go mbeadh an amlíne i gceart againn.

Deirtear linn in 2003 i gcomhfhreagras a tháinig go dtí an Chomhairle um Oideachas Gaeltachta agus Gaelscolaíochta, thar ceann an Phríomhchigire, deirtear linn:

Níl aon treoir lárnach faighte ag na cigirí faoin gceist seo ...

- agus iad ag caint faoin tumoideachas,

... Úsáideann siad an curaclam mar fhráma tagartha maille leis na smaointe is fearr ata i gcanóin an eolais faoi oideachas. Éisteann siad le heispéireas foirne scoileanna a rinne an cheist seo a chíoradh agus a thriail na bealaí éagsúla chun dul i mbun na léitheoireachta. Tá Gaelscoileanna ann a chreideann sa tumoideachas - gur chóir cloí le labhairt na Gaeilge amháin i rang na Naíonán Sóisearach ...

Téann sé ar aghaidh agus deir sé:

... Dá réir sin is cinnte go dtosóidís le léitheoireacht na Gaeilge ...

- agus deir siad chomh maith go bhfuil

... coiste bunaithe sa chigireacht le déanaí chun féachaint isteach i ngnéithe de mhúineadh na Gaeilge sna scoileanna seo agus chun ár dtuiscintí a bheachtú ...

- agus táimid fós ag feitheamh. Agus iarrann siad ar COGG

... má tá torthaí taighde agaibh ar cheist léitheoireachta sa dara teanga d'fháilteodh an Roinn rompu ... (Comhfhreagras ón Roinn Oideachais agus Eolaíochta go Comhairle um Oideachas Gaeltachta agus Gaelsolaíochta, 2003)

B'fhéidir nach léifidís iad, ach d'fháilteoidís rompu. Is léir gur tharla athrú intinne faoin taighde san idirlinn. Cuireadh comhfhreagras go dtí Coiste na dTuismitheoirí i nGaelscoil amháin i gCúige Mumhan, sular cuireadh é chuig an mbord bainistíochta nó chuig an bpríomhoide, cuireadh é chuig comhairle na dtuismitheoirí a lorg sainmhíniú ar pholasaí tumoideachais na Roinne ag an am agus ó Oifig an Ard Rúnaí, luadh, as Béarla:

Where English is the pupil's mother tongue ...

full immersion education for one year, at least, if the Department of Education allowed it. But the Department of Education are not thinking about that.

I'll go back to Cummins again, and he says 'I think, I guess people are entitled to their opinion, but it would be nice if their opinion were informed by some of the research that's out there.'

I'll go on and spend a short time more on the Department of Education's immersion education policy because this question is very old. The PCSP raised this question in February 2002, in a newsletter issued by the PCSP (Primary Curriculum Support Programme), the group who were implementing the curriculum. They raised the question about the provision of extra guidelines for *Gaelscoileanna*. That was there before there was any objection, any controversy, any question; other Ministers, another time, there was a need for extra guidelines. So it is important that we have the timeline right.

In 2003 we are told, in correspondence that came to the Council for Gaeltacht and Gaelscoil Education (COGG), on behalf of the Chief Inspector, we are told:

> The inspectors haven't received central guidance on this matter ...

- whilst talking about immersion education,

> ... They use the curriculum as a frame of reference, along with the best ideas in the body of information about education. They listen to the experience of school staff who examined and who tested the various ways to go about reading. There are *Gaelscoileanna* that believe in immersion education – that speaking only Irish in Junior Infants should be adhered to ...

It goes on to say:

> ... In accordance with that, it is certain that they would start with Irish ...

- And they also say that

> ... there was a committee established in the inspectorate lately to look at the aspects of the teaching of Irish in these schools and to adjust our understanding

- and we are still waiting. And then they ask COGG

> if you have research results on the question of reading in the second language, the Department would welcome them (Correspondence from the Department of Education and Science to COGG, 2003)

Perhaps they mightn't read them, but they would welcome them. It is evident that a change of opinion on the research has happened in the mean time. Correspondence was sent to the Parents' Committee in one *Gaelscoil* in Munster, before it was sent to the bord of management, or to the principal, it was sent to the parents' council who looked for a definition of the Department's immersion education policy at the time, and from the Office of the Secretary General, it cites, in English:

> ... Where English is the pupil's mother tongue ...

-seo cad a deir an curaclam, a deirtear linn:

> Where English is the pupil's mother tongue a minimum of 3 hours per week is suggested for the teaching of English in the Infant Classes. In the case of pupils whose mother tongue is Irish, the suggested minimum weekly time framework for the teaching of English is two hours and thirty minutes. I am attaching a copy of the ráiteas ...

...Ráiteas Polasaí i leith an Tumoideachais 2004, dhein mé tagairt dó níos luaithe,

> ...and a translation of same for your information. I hope this clarifies the position for you (Comhfhreagras ó Ard-Rúnaí na Roinne Oideachais agus Eolaíochta go Coiste na dTuismitheoirí, Gaelscoil Mhic Easmainn, Trá Lí, Co. Chiarraí.)

Ní dóigh liom é mar ní léirítear sa churaclam in aon áit "where Irish is the pupil's mother tongue." Tagraíonn curaclam do scoileanna T1 atá ag teagasc trí Ghaeilge agus do scoileanna T2 atá ag teagasc trí Bhéarla.

Deir Kavanagh (1999) linn ina cuid taighde faoin Teastas Sóisearach:

> Junior Certificate results showed that all the immersion students had studied higher level Irish and 93% of them received an A or B grade in the examination. In contrast, less than a half of the 'ordinary' school students studied higher level Irish and of those who sat the higher level paper, only 49% received A or B grades (lth.188-89, luaite in Murtagh, 2003: 14).

Téann sé ar aghaidh agus deir Murtagh in 2003:

> It may be worth mentioning that approximately three quarters of the 'all- Irish' students in the Kavanagh study also indicated a strong commitment to maintenance of the language in terms of their 'intention to use Irish in their homes, with any children they may have in the future' (Kavanagh, 1999: 207).

- Bhí siad ag smaoineamh go hóg, nach raibh?

> ... The corresponding proportion for 'ordinary' school final year students is much lower (36%) but, nonetheless, suggests a significant level of commitment for non-immersion final year students. The extent to which such aspirational commitment may be realized in practice and the factors facilitating this transformation are critical issues for inter-generational transmission of Irish skills (2003: 15).

Tá a fhios againn ag rang na hArdteiste go mbíonn fonn orthu Gaeilge a labhairt leis na páistí a bheadh acu sna blianta atá romhainn i gcás na nGaelcholáistí go háirithe.

Deir Murtagh chomh maith "the positive outcomes emerging from present day immersion programmes must be acknowledged and the fact that the present revival of an all-Irish medium education is bottom-up driven, rather than top-down (State) driven, is further grounds for optimism in relation to its capacity to endure over time."

Cá bhfuilimid ag dul mar sin?

- this is what the curriculum says, we are told:

> Where English is the pupil's mother tongue a minimum of 3 hours per week is suggested for the teaching of English in the Infant Classes. In the case of pupils whose mother tongue is Irish, the suggested minimum weekly time framework for the teaching of English is two hours and thirty minutes. I am attaching a copy of the ráiteas ...

- Ráiteas Polasaí i leith an Tumoideachais, 2004 that I've already referred to,

> ... and a translation of same for your information. I hope this clarifies the position for you (Correspondence from the Department of Education and Science to Parents' Committee of Gaelscoil Mhic Easmainn, Tralee, Co. Kerry.)

I don't think so, because it isn't written anywhere in the curriculum 'where Irish is the pupil's mother tongue.' The curriculum refers to T1 schools who are teaching through Irish and to T2 schools who are teaching through English.

In her research on the Junior Certificate, Kavanagh (1999) tells us:

> Junior Certificate results showed that all the immersion students had studied higher level Irish and 93% of them received an A or B grade in the examination. In contrast, less than a half of the 'ordinary' school students studied higher level Irish and of those who sat the higher level paper, only 49% received A or B grades (p.188-89, cited in Murtagh, 2003: 14).

He goes on and in 2003, Murtagh says:

> It may be worth mentioning that approximately three quarters of the 'all- Irish' students in the Kavanagh study also indicated a strong commitment to maintenance of the language in terms of their 'intention to use Irish in their homes, with any children they may have in the future' (Kavanagh, 1999: 207).

- They were starting very young, weren't they?

> ... The corresponding proportion for 'ordinary' school final year students is much lower (36%) but, nonetheless, suggests a significant level of commitment for non-immersion final year students. The extent to which such aspirational commitment may be realized in practice and the factors facilitating this transformation are critical issues for intergenerational transmission of Irish skills (2003: 15).

We know that at the Leaving Cert year, they wish to speak Irish to the children that they would have in the years to come in the case of all-Irish secondary schools especially.

Murtagh also says "the positive outcomes emerging from present day immersion programmes must be acknowledged and the fact that the present revival of an all-Irish medium education is bottom-up driven, rather than top-down (State) driven, is further grounds for optimism in relation to its capacity to endure over time."

So where are we going?

Torthaí Léitheoireachta an Bhéarla

Rachaidh mé tríothu seo chomh tapa agus is féidir liom. Sa taighde reatha a dhein mé féin, fuair mé torthaí ó 3,298 dalta i gcóras na Gaelscolaíochta. Os cionn 70% de na Gaelscoileanna páirteach sa taighde sin, lorg mé torthaí ó scrúduithe caighdeánaithe an Bhéarla daltaí rang a dó agus rang a cúig. Drumcondra Primary Reading Test agus Mary Immaculate College Reading Attainment Tests. Agus rinne mé iad sin a bhriseadh síos agus chuir mé i gcomparáid leis na caighdeáin náisiúnta, ní le scoileanna eile, ach leis na caighdeáin náisiúnta mar a bhí foilsithe sna leabhráin féin.

Go bunúsach, bheifeá ag súil go mbeadh an trí tríú agat. Le Sten, rud a chiallaíonn scór as 10, bheadh an tríú cuid go náisiúnta ó 1 go dtí 4, Bheadh an tríú cuid sa lár ag 5 agus 6, agus an tríú cuid ag an mbarr ó 7 go dtí 10.

Ach i gcás na nGaelscoileanna i Rang a Dó, in ionad trí tríú chothrom a bheith againn, ní raibh ach 22.8% ag an mbunleibhéal, 1 go dtí 4; bhí 35.1% sa lár; agus 42.1% ag an mbarr. Sin do Rang a Dó. Nuair a chuamar ar aghaidh go Rang a Cúig, bhí 42.3% ag an mbarr; 36.5% sa lár; agus 21.2% ag an mbun, áit a mbeifeá ag súil leis an tríú cuid i ngach áit.

Go bunúsach, bhí siad ar a laghad 10% os cionn an meáin náisiúnta. Ní os cionn scoileanna eile, mar dá dtógfaí na Gaelscoileanna amach as an meán náisiúnta, thitfeadh sé beagáinín. Tá sé tábhachtach go mbeadh a fhios againn é sin.

Sin iad na torthaí maidir le scrúduithe caighdeánaithe léitheoireachta sa Bhéarla, ach a léiríonn nach bhfuil deacrachtaí ag na Gaelscoileanna seo.

Nuair a bhris mé síos iad, na Gaelscoileanna arís, agus nuair a d'fhéach mé ar na múnlaí a bhí ar siúl sna Gaelscoileanna, fuair mé amach go raibh na Gaelscoileanna i múnla a haon agus a dó. Sin iad Gaelscoileanna le ar a laghad bliain iomlán amháin den luath-thumadh iomlán. Tháinig siad amach le 43.1% i Rang a Dó, ag an mbarr-leibhéal; 35.6% sa lár, 21.3% ag an mbun. I gcomparáid leis na Gaelscoileanna eile, a bhí beagáinín beag faoi bhun sin ag 41.2%; 34.%; agus 24.1% faoi seach.

Ach i Rang a Cúig sna scoileanna seo, léirigh na Gaelscoileanna go raibh múnlaí a haon agus a dó i bhfeidhm iontu, ar a laghad bliain amháin den luath-thumadh iomlán, go raibh 46% de na daltaí ag teacht amach ag an leibhéal is airde. Ní dóigh liom gur gá dúinn a bheith buartha mar gheall ar ghaelscoileanna i múnlaí a haon agus a dó. 34.3% sa lár agus 19.7% ag an mbun, áit a bhfuil meán náisiúnta de 33.3% ag an mbun.

Rinne mé beagán comparáid arís idir na Gaelscoileanna faoi mhíbhuntáiste mar caitear é seo isteach sa phota go minic. Gaelscoileanna faoi mhíbhuntáiste i gceantair faoi mhíbhuntáiste, cúlra socheacnamaíochta íseal agus mar sin de. Agus tá a fhios againn ón LANDS Survey agus ón Reading and Literacy and Numeracy Survey, Eivers, Shiel and Shortt, go bhfuil an scéal go hainnis amuigh ansin sa ghnáth-earnáil.

Ach cad a fuaireamar amach do na Gaelscoileanna? Bhuel ag leibhéal Rang a Dó, Sten 1 go dtí 4, ag an mbun, áit a mbeadh 33.3% den ghnáth-dhaonra, bhí 51.5%; sa lár bhí 25.8%; agus ag an mbarr bhí 22.7%. I Rang a Cúig, ag an mbun, arís bhí 39.1%; i lár bhí 32.8%; agus ag an

English Reading Results

I'll go through these as quickly as I can. So, research that I conducted myself, I received results from 3,298 students in the all-Irish schooling system. Over 70% of *Gaelscoileanna* were involved in that research, I looked for results of standardised tests of English for Second Class and Fifth Class students. Drumcondra Primary Reading Test and Mary Immaculate College Reading Attainment Tests. And I broke them down and compared them to the national standards, not to other schools, but to the national standards as they were published in the booklets.

Basically, you would expect to have the three thirds. Using Sten, which is a score out of ten, one third would lie from 1 to 4 , one third in the middle at 5 and 6, and one third at the top from 7 to 10.

But in the case of *Gaelscoileanna* in Second Class, instead of having three equal thirds, only 22.8% were at the primary level, 1 to 4; 35.1% were in the middle; and 42.1% were at the top. That's for Second Class. When we went on to Fifth Class, 42.3% were at the top; 36.5% were in the middle; and 21.2% were at the bottom, where you would expect the third part everywhere.

Basically, they were at least 10% over the national mean. Not over other schools, because if a *Gaelscoil* were taken from the national mean, it would fall slightly. It is important that we know that.

Those are the results pertaining to standardised English reading tests, but it was shown that these *Gaelscoileanna* do not have difficulties.

When I broke them down, the *Gaelscoileanna* again, and when I looked at the models which were practiced in the Gaelscoileanna, I found that the *Gaelscoileanna* were in models 1 & 2. Those are *Gaelscoileanna* with at least one full year of full early immersion,. They came out with 43.1% in Second Class, at the top level; 35.6% in the middle; 21.3% at the bottom. In comparison with other *Gaelscoileanna*, who were slightly under that at 41.2%; 34%; and 24.1% respectively.

But in Fifth Class in these schools, the *Gaelscoileanna* showed that models 1 & 2 were being implemented in them, at least one year of full early immersion, that 46% of the students were emerging at the highest level. So I don't think we need to be concerned about *Gaelscoileanna* in models 1 & 2. 34.3% in the middle; 19.7% at the bottom, where we will have a national average of 33.3% at the bottom.

Again, I did a little comparison between the disadvantaged *Gaelscoileanna* because this is often thrown into the pot. Disadvantaged *Gaelscoileanna* in disadvantaged areas, low socio-economic background and so forth. And we know from the LANDS Survey and from the Reading and Literacy and Numeracy Survey, Eivers, Shiel and Shortt, that the story is very bad out there in the regular sector.

But what did we find out for the *Gaelscoileanna*? Well at the level of Second Class, Sten 1 to 4, where 33.3% of the regular population would be, there were 51.5% in the middle; there were 25.8%; and at the top there were 22.7%. In Fifth Class, at the bottom, again there were 39.1%; in the middle there

mbarr bhí 28%. So bhí siad gan dabht níos measa ná an meán náisiúnta. Ach nuair a dhéantar comparáid idir na scoileanna DEIS sin agus na scoileanna DEIS eile, sa LANDS agus sa Reading and Literacy and Numeracy Survey, níl aon chomparáid. Tá na Gaelscoileanna i bhfad chun tosaigh.

> Níor fhiosraigh mise na cúiseanna, níor fhiosraigh mé an amhlaidh go bhfuil na múinteoirí as a meabhair ag obair ó dhubh go dubh na hoíche, an amhlaidh go mbaineann sé le orta-grafaíocht na Gaeilge, an amhlaidh go mbaineann sé le díograis na múinteoirí, an amhlaidh go mbaineann sé - mar a fuair mé amach go bhfuil 100% de ghaelscoileanna na tíre seo ag pointí éigin i rith saol na scoile, saol an dalta scoile – na cláir léitheoireachta scolaíocht bhaile ag cur ar siúl, léitheoireacht i gcomhpháirt, léitheoireacht bheirte ar bhonn eagraithe i ngach Gaelscoil sa 70% a d'fhreagair an suirbhé a chuir mise, bhí sé sin ar bun acu.

An amhlaidh go bhfuil ag éirí leis na Gaelscoileanna na tuismitheoirí a tharraingt isteach sa léitheoireacht níos fearr ná mar atá ag scoileanna eile. Níl a fhios agam. B'fhéidir go mbaineann sé leis an teanga féin. B'fhéidir go mbaineann sé leis na buntáistí a bhíonn ag dátheangaigh agus iad ag forbairt mar dhátheangaigh. Ní heol dom.

Caithfidh mé féachaint ar an mbóthar romhainn. Agus nuair a bhí an tAire ag féachaint ar an mbóthar romhainn, dúirt sí, in 2006, le Cumann Múinteoirí Éireann, dúirt sí:

> Táimid ag féachaint freisin ar bheartais eile chun tacú le múineadh na Gaeilge tríd an gcóras agus chun freastal ar shainriachtanais na scoileanna Gaeltachta agus na nGaelscoileanna. Beimid i gcomhairle leis an INTO maidir leis na nithe seo agus fáilteofar roimh aon mholtaí eile a bheidh agaibh ina leith seo. Creidim go n-éireoidh linn, agus sinn ag obair i gcomhpháirt le chéile, freagairt dár ndualgas i leith ár dteanga dhúchais (Hanafin, M., 2006).

Tá súil agam go n-éireoidh linn agus tá súil agam go ndéanfaidh an tAire beart de réir a briathair, agus go mbeidh sí ag freagairt don dualgas atá uirthi i leith ár dteanga dhúchais.

Breathnóidh mé chun cinn ar feadh soicind, agus teastaíonn uaim féachaint ar mholtaí Harris. An bóthar romhainn, cad atá romhainn?

Níl ach, mar a dúirt mé, seans amháin ag daoine dul ar thraein an tumoideachais in Éirinn an lae inniu, ag na naíonáin. Is é an luath-thumadh iomlán an bealach is uile-ghabhálaí agus is féaráilte ar gach dalta amuigh ansin sa phobal, tús a chur lena gcuid scolaíochta.

Níl an tumadh déanach - cé gur mó na buntáistí a bhaineann le tumadh déanach ina leithéidí Gaelcholáistí agus coláistí lán-Ghaeilge dara leibhéal - níl an tumadh déanach sin chomh huile-ghabhálach, mar mothaíonn tuismitheoirí ar chúis amháin nó ar chúis eile nuair a bhíonn 'Johnny' i Rang a Sé sa ghnáthscoil Bhéarla, mura bhfuil sé ag déanamh go hiontach i rang a sé, ní bheadh sé ábalta do mheánscoil lán-Ghaeilge, cad ina thaobh go gcuireann ansin é? Ach ní mhothaíonn tuismitheoirí a leithéid, nuair atá "Seáinín óg" ag dul ar scoil agus 'An bhfaca tú mo Shéamuisín' agus é ag dul ar scoil ina mhála scoile don chéad lá riamh, ceapann siad go mbeidh gach aon ní mar is cuí, agus sin an t-am, agus sin an t-am is féaráilte do gach duine, agus tús a chur ansin leis an rud.

were 32.8%; and at the top there were 28%. So they were without doubt worse than the national mean. But when a comparison is made between those DEIS schools and other DEIS schools, in the LANDS and in the Reading and Literacy and Numeracy Survey, there is no comparison. *Gaelscoileanna* are way ahead.

> I didn't question the reasons, I didn't question if it was that teachers are out of their minds working from dawn to dusk, if it pertains to the orthography of Irish, if it pertains to the diligence of the teachers, if it pertains – as I found out that 100% of the country's *Gaelscoileanna* are at some points during the school's life, the student's life – to home-school reading programmes being run, shared reading, paired-reading on an organised basis in every *Gaelscoil* in the 70% that answered the survey that I sent, they were running those.

Is it that *Gaelscoileanna* are succeeding better in involving parents with reading than other schools? I don't know. Maybe it pertains to the language itself. Maybe it pertains to the advantages that bilinguals enjoy as they develop as bilinguals. I don't know.

I have to look at the road ahead of us. While the Minister was looking at the road ahead of us, she said to the Irish National Teachers Organisation in 2006:

> We are also looking at other policies to support the teaching of Irish throughout the system and to serve the specific needs of *Gaeltacht* schools and *Gaelscoileanna*. We will be in consultation with the INTO with regard to these matters and any other recommendations you may have with regard to this will be welcomed. I believe that we will succeed as we work in partnership with each other, to respond to our duty towards our native language (Hanafin, M., 2006).

I hope we will succeed and I hope the Minister will stick to her word and that she will respond to her duty towards our native language.

I will look forward for a second, and I would like to look at Harris' recommendations. The road ahead, what's ahead of us?

There is only one chance, as I said, for people to board the immersion education train in today's Ireland, in terms of the infants. Full early immersion is the most all-encompassing and fairest way for every student out there in the community, to begin their schooling.

Even though there are more advantages pertaining to late immersion in all-Irish post-primary schools, late immersion isn't as all-encompassing, because parents feel, for one reason or another, when 'Johnny' is in Sixth Class in the regular English-speaking school, if he isn't doing well in Sixth Class, he wouldn't be able for the all-Irish second-level school at all, sure why would I send him there? But parents don't feel that way when young "Seáinín" is going to school and "An bhfaca tú mo Shéamsuisín' in his bag on his way to school for the first day ever, they think everything will be as it should be, and that is the time, that is the fairest time for everybody to start it all then.

Níl ach aon seans amháin acu dul ar an traein. Cén réiteach atá air seo? Dúirt Harris go raibh réiteach air. Féachaint ar contanam tumoideachais, cén fáth in Éirinn go gcaithfidh an tumoideachas a bheith den chineál luath-thumtha?

Go traidisiúnta, is iad an Roinn Oideachais a chuir an múnla sin ar bun sna fichidí, sna tríochaidí, sna daichidí go héigeantach. Agus thóg na Gaelscoileanna é sin go roghnach ansin, ach cén fáth a gcaithfidh sé bheith mar sin. Cén fáth a gcaithfimid Gaelscoil nua a bhunú gach aon uair a mbíonn pobal áit éigin ag lorg oideachas trí Ghaeilge agus caighdeán níos airde ná an gnáth-chaighdeán sa ghnáth-scoil? An rud ar a dtagraítear go hidirnáisiúnta, faraor, mar an modheolaíocht cothú sileáin, ag múineadh teanga mionlaigh ar feadh leathuair a chlog in aghaidh an lae. Coimeádann an cothú sileáin an othar beo, sin eile. Ní bheidh sé/sí ábalta seasamh agus siúl.

Ach bainimis úsáid as na hacmhainní iontacha atá againn inár scoileanna fós. Tá, mar shampla, dá gcuirfí maoiniú breise ar fáil do scoileanna, dá gcuirfí moltaí Harris i bhfeidhm faoi chláir mheán-thumadh agus páirt-thumadh a chur ar bun i scoileanna aitheanta, ag tosú ar dtús sna cathracha móra agus sna bailte móra, áit a bhfuil iarbhunscoil lán-Ghaeilge dóibh le dul ar aghaidh chucu dá mba mhaith leo, dá gcuirfí maoiniú ar fáil do na scoileanna sin agus deontas caipitíochta ar nós na nGaelscoileanna, an deontas mór millteach sin a fhaigheann Gaelscoileanna, go bhfóire Dia orainn, an liúntas breise mór millteach sin a fhaigheann na hoidí atá ag teagasc trí Ghaeilge, go bhfóire Dia orainn, agus na figiúir cheapacháin agus choinneála iontacha a fhaigheann Gaelscoileanna, sin a thabhairt do scoileanna móra, tá siad acu cheana féin mar is eol daoibh. Aon scoil atá os cionn 200 dalta, is mar a chéile iad.

Tá 300+ scoileanna againn le os cionn 360 dalta iontu, in Éirinn an lae inniu. - bunscoileanna. Dá ndíreoimis ar na bunscoileanna sin, agus dá gcuirfimis ar fáil dóibh, scéim, an deis, an seans iad a áireamh mar scoileanna ina bhfuil cláir mheán-thumadh, nó cláir pháirt-thumadh, a chur i bhfeidhm iontu.

Dá dtógfaimis amach as na scoileanna sin, ar feadh seachtainí nó ar feadh roinnt míonna, na múinteoirí is oilte agus is cumasaí ó thaobh na Gaeilge atá ag múineadh sna scoileanna sin, atá fós sa chóras, agus dá gcuirfimis ar fáil dóibh roinnt deiseanna inseirbhíse maidir le múineadh tríd an dara teanga, agus leis an gcóras tumoideachais agus mar sin de, d'fhéadfaimis cláir mheán-thumadh a chur ar fáil do dhaltaí sna scoileanna sin i rang a trí agus a ceathair. Mar shampla, beidh an Chéad Chomaoineach thart. Beidh siad ábalta léamh, beidh an chéim foghlaim chun léimh thart, anois beidh siad ag léamh chun foghlama. Ní bheidh tuismitheoirí buartha faoi litearthacht má bhí siad buartha riamh faoi i suíomh lán-Ghaeilge, ní dóigh liom é.

Ach beidh sé sin as an mbealach. Rang a trí agus a ceathair, dhá bhliain de thumadh iomlán meánach. Gach ábhar trí mheán na Gaeilge ar feadh bliana nó dhó agus ligean dó a bheith roghnach. Táimse i mo phríomhoide, mar shampla, ar Scoil Eoin le 700 dalta, agus tá mise ar bord mar tá mise tar éis dul ar chúrsa chomh maith agus tuigim na buntáistí a bhaineann leis an rud seo. Agus labhraím le mo phobal scoile agus deirim leo, i dtaca leis an Roinn Oideachais agus le Foras na Gaeilge agus le COGG agus leis na páirtithe leasmhara go léir, táimidne, an bhliain seo chugainn, roghnaithe, tá an t-ádh linn, ar cheann de na scoileanna a bheidh acu cláir mheán-thumadh ar fáil daoibhse, a thuismitheoirí, agus i measc na rudaí a bheidh ar siúl sna ranganna sin beidh: ó beidh turas go Corca Dhuibhne siúráilte, beidh turas go hInis Oírr, beidh

They only have one chance to go on the train. What solution is there to this? Harris said there was a solution to it. Looking at the immersion education continuum, why, in Ireland, does immersion education have to be of the early total variety?

Traditionally, it was the Department of Education who established that model in the twenties, in the thirties, and in the forties, with compulsion. And *Gaelscoileanna* took it optionally then, why does it have to be like that? Why do we have to establish a new *Gaelscoil* every single time a community somewhere look for education through Irish, with standards higher than the normal standards in normal schools? What is internationally, unfortunately, referred to as the drip-feed methodology of teaching a minority language for half an hour each day. And the drip-feed, it keeps the patient alive, that's all. He won't be able to stand and walk.

But let's use the great facilities we still have in our schools. For example, if extra funding were provided for schools, if Harris' recommendations on establishing medium immersion and part-immersion programmes in recognised schools were implemented, starting at first in the big cities and in the big towns, where there would be an all-Irish post-primary school for them to go on to if they so wished, if funding were provided for those schools and capitation grants like those of the *Gaelscoileanna*, that enormous grant that *Gaelscoileanna* get, God help us, that enormous allowance that the teachers teaching through Irish get, God help us, and the great appointment and retention rates that *Gaelscoileanna* have. Actually they have them already, as you know. Any school that has over 200 students receives the same.

We have 300+ primary schools with over 360 students in them, in the Ireland of today. If we focussed on those schools, and if we made available for them, a scheme, the opportunity, the chance to include them as schools in which medium-immersion programmes, or part-immersion programmes were implemented.

If we took out of those schools, for weeks or for some months, the most educated and the most competent teachers in terms of Irish who are teaching in those schools, who are still in the system, and if we provided for them some in-service opportunities with regard to teaching through the second language, and with regard to the immersion education system and so forth, we could provide medium-immersion programmes for students in those schools in classes three and four. For example, the First Communion will be over. They'll be able to read, the learning-to-read phase will be over, now they will be reading-to-learn. Teachers won't be worried about literacy, if they were ever worried about it in an all-Irish situation, I don't think so.

But that will be out of the way. Third and Fourth Class, two years of full medium immersion. Every subject through the medium of Irish for a year or two and for it be optional. Let's say I am a principal, for example of Scoil Eoin with 700 students, and I am on board because I have done a course as well and I understand the advantages that apply to this. And I speak to my school community and I tell them, along with the Department of Education and with Foras na Gaeilge and COGG and with all interested partners, we have, next year, been chosen, we are lucky, as one of the schools that will provide medium-immersion programmes for you, parents, and amongst the things that will happen in those classes there will be: oh there will definitely be a trip to Corca Dhuibhne, there will be a trip to Inis Oírr, there will be a trip to Connemara, there will be a trip to

turas go Conamara, beidh turas go Gaoth Dobhair, agus beidh turas aon áit eile ina bhfuil Gaeilge á labhairt, tá Gaeltacht i gCeanada nach bhfuil?

Agus seo iad na rudaí a bheidh ar siúl againn ... agus tá na múinteoirí seo ón bhfoireann atá ar bhur n-aithne ... seo iad ag teagasc ... le bheith ag teagasc sna ranganna sin. Agus tá sé iomlán roghnach. Ní gá duit dul ann, ach tá sé teoranta do 27. Agus an chéad 27 a chuireann na hainmneacha isteach sa hata seo ... níl a fhios agam ... ach córas a bheith ann, an rud a mhíniú dóibh, é a bheith roghnach, ligean dóibh. So in ionad ceithre shraith Bhéarla a bheith ag rith tríd an scoil seo, d'fhéadfaí cláir mheán-thumadh a bheith ar fáil i gcuid den scoil sin.

I scoileanna níos lú, áit a bhfuil idir 200 agus 360 dalta. Dá roghnóimis na scoileanna sin le cláir pháirt-thumadh, mar an acmhainn is luachmhara atá againn ná ár múinteoirí. Abair nach bhfuil ach múinteoir amháin sa scoil sin le 300 dalta atá inniúil go leor agus cumasach go leor sa Ghaeilge chun teagasc trí mheán na Gaeilge, abair go gcuirfimid cláir pháirt-thumadh ar fáil sna scoileanna sin, go dtéann an múinteoir sin isteach go dtí ranganna a trí/a ceathair arís, b'fhéidir, agus múineann siad Gaeilge, Béarla, Mata, Eolaíocht...Gaeilge, Mata, Eolaíocht. Gabh mo leithscéal, ar luaigh mé Béarla, ní féidir teanga a theagasc trí theanga eile, an féidir?

Gaeilge, Eolaíocht, Mata agus ábhair eile agus go bhfuil an múinteoir iontach seo, an Máistir Dáithí, mar shampla againn, agus tá sé chun na hábhair sin a theagasc trí Ghaeilge do rang 3x agus 3y na bliana seo. Beidh an dúbailt buntáiste againn as an Máistir Dáithí. Beidh sé traochta tugtha tnáite, caite amach faoi dheireadh na bliana, mar beidh dhá rang á theagasc aige trí mheán na Gaeilge. Múineadh i gcomhpháirt, teagasc foirne, tabhair pé rud is maith leat ar an rud, ach an úsáid is fearr a bhaint as na hacmhainní atá againn.

Dá roghnódh 10%, nó abair dá roghnódh 25% de na scoileanna sin a leithéid, bheadh 6,750 dalta againn, breise, i gcláir mheán-thumadh nó cláir pháirt-thumadh. Sin beagnach an ceathrú cuid atá i nGaelscoileanna na linne seo. Bheadh na daltaí sin ag dul ar aghaidh agus ag tacú, dá mba mhaith leo, roghnach arís, le hiarbhunscoileanna lán-Ghaeilge, áit nach bhfuil na clachain ghaelscoileanna ann faoi láthair. Táim cinnte, dá gcuirfí an pacáiste sin le chéile, le cruthaitheacht, le díograis, le gairmiúlacht, ar bhonn eolaíochta, an Roinn Oideachais agus Eolaíochta, ar bhonn taighde, go n-éireodh go geal leis an rud.

Agus an buntáiste is mó ar fad ná, ní chosnódh sé puinn. Ní chosnóidh sé faic, i gcomparáid le bheith ag ceannach suíomhanna arís agus ag tógáil scoileanna. Mar tá tú ag díol na múinteoirí cheana féin. Tá na múinteoirí sna ranganna cheana féin. Gan dabht beidh inseirbhís le déanamh, ach tá a lán airgid á chaitheamh againn ar chúrsaí inseirbhíse cheana féin. Ní bheadh le díol againn ach cuid de seo a stiúradh i dtreo amháin nó i dtreo eile. Ach bheadh gníomh déanta againn don Ghaeilge ansin. Agus gan dabht bheadh buntáiste ann do ghaelscoileanna sa todhchaí mar léiríonn an taighde i dtíortha eile go gcuirfidh na daoine sin a ghlac páirt i gcláir pháirt-thumadh agus mheán-thumadh a bpáistí go scoileanna lán-thumadh, nuair a thiocfaidh an t-am.

Gaoth Dobhair, and there will be a trip to anywhere in which Irish is spoken, there's a *Gaeltacht* in Canada, isn't there?

And these are the things that we will do ... and these teachers are from the staff, who you know ... this is them teaching ... to be teaching in those classes. And it's completely optional. You don't need to do it, it's restricted to 27. And the first 27 that put their names into this hat ... I don't know ... but having a system, explaining it to them, having it optional, giving them the choice. So instead of four English-speaking streams running through this school, medium-immersion programmes could be provided in part of that school.

In smaller schools, where there would be between 200 and 360 students. If we chose those schools for part-immersion, as teachers are the most valuable resource that we have. Say there in that school with 300 students there is only one teacher who is able and competent enough in Irish to teach through Irish, say we provide part-immersion programmes in those schools, that the teacher would again go into classes three and four, maybe, and they would teacher Irish, English, Maths, Science...Irish, Maths, Science. Excuse me, did I mention English? A language can't be taught through another language, can it?

Irish, Science, Maths and other subjects, and this great teacher, Máistir Dáithí, as our example, and he is going to teach those subjects through Irish for classes 3x and 3y this year. We will have a double benefit from Máistir Dáithí. He will be exhausted, worn out, spent by the end of the year, because he will be teaching two classes through the medium of Irish. Shared teaching, team teaching, called it whatever you want, but to make the most out of the resources we have.

If 10% chose, or say if 25% of those schools chose the like, we would 6,750 extra students in medium-immersion programmes or part-immersion programmes. That's nearly a quarter of today's *Gaelscoileanna*. Those students would be going on and supporting, if they wanted, again optional, all-Irish post-primary schools, where the cluster of *Gaelscoileanna* isn't at present. I'm sure, if that package was put together, with creativeness, fervour, professionalism, on a scientific basis, by the Department of Education, on a research basis, that it would succeed.

And the biggest advantage is that it wouldn't cost anything. It wouldn't cost anything, in comparison to buying more sites and building schools, because you are already paying for the teachers. Without doubt, in-service will have to be carried out, but we are paying for in-service courses already. We would only have to pay for directing this in one direction or another. But we would have acted for Irish then. And, without a doubt, there would be a benefit for *Gaelscoileanna* in the future because the research in other countries shows that those people who took part in part-immersion and medium-immersion programmes would send their children to full-immersion school, when the time comes.

LEABHARLIOSTA

Foinsí Clóite.

• ACCAC (Qualifications, Curriculum and Assessment Authority for Wales) (2000) Welsh in The National Currriculum for Wales. Cardiff: ACCAC

•Adler, M. (1977) Collecvtive and Individual Bilingualism Hamburg: Helmut Buske Verlag

•An Roinn Oideachais (1991) Report in The National Survey of English Reading in Irish Primary Schools 1988 Baile Átha Cliath.

•An Roinn Oideachais agus Eolaíochta (1998b) An tAcht Oideachais, 1998 Baile Átha Cliath, Oifig an tSoláthair.

•An Roinn Oideachais agus Eolaíochta (1999) Curaclam na Bunscoile. Baile Átha Cliath: Foilseacháin Rialtais

•An Roinn Oideachais agus Eolaíochta (2005) (LANDS) Literacy and Numeracy in Disadvantaged Schools: Challenges for Teachers and Learners. An evaluation by the Inspectorate of the Department of Education and Science Baile Átha Cliath: Foilseacháin Rialtais

•An Roinn Oideachais agus Eolaíochta (2006) Séideán Sí, Réamhrá - Leabhar an Oide E - R3 Baile Átha Cliath An Gúm

•Andersson, T., and Boyer, M. (1970). Bilingual Schooling in the United States: Vol. 1. Austin,

• August, D., and Hakuta, K. (1997). Improving Schooling for language-minority children: A research agenda. Washington: National Academy Press.

• Baker, C., and Prys Jones, S. (1998). Encyclopedia of Bilingualism and Bilingual Education.Clevedon: Multilingual Matters.

• Baker, C. (2000). The Care and Education of young Bilinguals (2nd ed.): Clevedon: Multilingual Matters.

• Baker, C. (2001). Foundations of Bilingual Education and Bilingualism (Third ed.): Clevedon Multilingual Matters.

• Bell, J. (2001) Third Edition. Doing your research project: A guide for first time Researchers in Education and Social Science. Buckingham: O.U.P.

• Bialystok, E. (2007) Acquisition of Literacy in Bilingual Children: A Framework for Research. Language Learning, 57: Suppl. 1, 45-77

• Bloomfield, L. (1935) Language. London, George Allen and Unwin Ltd.

• Bradley, C (2006) An Tumoideachas: Cleachtas Reatha i nGaelscoileanna na hÉireann Tráchtas M.A., Coláiste Mhuire gan Smál, Ollscoil Luimnigh.

• Brouder, S.,(2007) 'Gaelscoil row leads to new national rules'. The Kerryman: 1 Lúnasa, 7

• Bruck, M.,(1985) Predictors of transfer out of Early French Immersion Programs. Applied Psycholinguistics, 6, 39-61

• Cenoz, J., agus Valencia, J., (1994) Additive Trilingualism: Evidence from the Basque Country. Applied Psycholinguistics, 15 (2) 195-207.

• Cloud, N., Genesee, F., & Hamayan, E. (2000). Dual Language Instruction. Boston, Massachusetts: Heinle & Heinle.

• Coady, M. R. (2001). Policy and Practice in Bilingual Education: Gaelscoileanna in the Republic of Ireland. Unpublished Ph.D, University of Colorado.

• Cohen, L. agus Manion, L. (1994) Research Methods in Education. London, Routledge.

• Cohen, L, Manion, L, agus Morrison, K. (2000) Research Methods in Education London: Routledge Falmer.

• Cohen, L., Manion, L., & Morrison, K. (2004). A Guide to Teaching Practice (5th ed.) London: Routledge Falmer.

• Corson, D.(1993) Language, Minority Education and Gender: Linking Social Justice and Power. Clevedon. Multilingual Matters

• Corson, D. (1998) Changing Education for Diversity. Buckingham O.U.P.

• Cummins, J. (1978). Immersion programs: The Irish experience. International Review of Education, 24, 273-282.

• Cummins, J. (1996). Negotiating Identities: education for empowerment in a diverse society.Toronto: California Association for Bilingual Education.

• Cummins, J. (1998). Immersion education for the millenium: What have we learned from 30 years of research on second language immersion? In M.R. Childs & R.M. Bostwick (Eds.) Learning through two languages: Research and practice. Second Katoh Gakuen International Symposium on Immersion and Bilingual Education.(pp. 34-47). Katoh Gakuen, Japan.

• Cummins, J. (2000). Language, Power and Pedagogy: bilingual children in the crossfire. Clevedon: Multilingual Matters

• Cummins, J. (2005). La hipotesis de la interdependencia 25 anos después: La investigacion actual y sus implicaciones para la educacion bilingue. (The interdependence hypothesis 25 years later: Current research and implications for bilingual education) (pp. 113 – 132). In D. Lasagabaster & J. M. Sierra (Eds.), Multilinguismo y multiculturalismo en la escuela. Barcelona: ICE-HORSORI, University of Barcelona

• Day, E,. & Shapson, S. (1996) Studies in Immersion Education Clevedon, The Language & Education Library, Multilingual Matters.

• De Vaus D.A. (1994) Surveys in Social Research, London, UCL Press Limited.

• ERC Educational Research Centre (2007) (DPRT-Rev) Drumcondra Primary Reading test Revised Level 2 Administration Manual and Technical Manua,l Drumcondra, ERC

• Eivers, E., Shiel, G. & Shortt, F. (2005) Literacy in Disadvantaged Primary School: Problems and Solutions Educational Research Centre, Dublin.

• Ewart, G., & Straw, S. (2001). Literacy instruction in two French immersion classrooms in Western Canada. Language, Culture and Curriculum, 14(2), 187-199.

• Genesee, F.,(1987) Learning through two languages. Cambridge: Newbury House Publishers.

• Genesee, F.,(1992) Second/ foreign language immersion and at-risk English-speaking children Foreign Language Annals Volume 25, No. 3

• Hamers, J. F., and Blanc, M. H. A. (2000). Bilinguality and Bilingualism. Cambridge: CambridgeUniversity Press.

• Harris, J. and Murtagh, L. (1987) National Assessment of Irish and language speaking and Listening skills in primary School Children: Language culture and Curriculum Vol 1. No. 2 Multilingual Matters. London

• Harris, J., Forde, P., Archer, P., Nic Fhearaile, S., & and O'Gorman, M. (2006). An Ghaeilge sna Bunscoileanna: Treochtaí Náisiúnta Fadtéarmacha in Inniúlacht. Dublin: Department of Education and Science.

• Haugen, E.,(1953) The Norwegian Language in America. Pennsylvania: University of Pennsylvania Press

• Hickey, T (1997a) An Luath-Thumadh in Éirinn: Na Naíonraí Baile Átha Cliath, I.T.É.

• Hickey, T (1997b) Léirbhreithniú ar Thorthaí Taighde ar an Dátheangachas i Teangeolas, 34, lgh.24-31.

• Irish Independent: Opinion Piece Baile Atha Cliath 23 Bealtaine 2007

• Johnson, R., and Swain, M. (1997). Immersion Education. Cambridge: Cambridge Applied Linguistics.

• Johnstone, R. (2002). Immersion in a Second or Additional Language at School: A Review of the International Research. Stirling: Scottish CILT.

• Kavanagh, J. (1999). Teaching Irish as a second language: Outcomes from all-Irish secondary schools compared with schools where Irish is a single subject. Ph.D.thesis, La Trobe University, Bundoora, Victoria.

• Kelly, A. (2002) Compulsory Irish: language and Education in Ireland 1870s –1970s Irish Academic Press: Dublin

• Lambert, W. (1977). The effects of bilingualism on the individual: Cognitive an socioculturalconsequences. In P. Hornby (Ed.), Bilingualism: Psychological, Social, and EducationalImplications. New York: Academic Press.

• Lambert,W.E., Genesee, F., Holobow, N., & Chartrand, L. (1993), Bilingual Education For Majority English-Speaking Children. European Journal of Psychology of Education 8 (1), 3-22.

• Lambson, D. (2002). The availability of Spanish heritage language materials in public and school libraries. International Journal of Bilingual Education and Bilingualism 5, 233-243.

• Lasagabaster, D. (1998). The threshold hypothesis applied to three languages in contact at school. International Journal of Bilingual Education and Bilingualism., 1(2), 119-134.

• Lindholm-Leary, K.J. (2001). Dual language education. Avon, England: Multilingual Matters.

• Lindholm-Leary, Kathryn J. Ph.D. (2005) Review of Research and Best Practices on Effective Features of Dual Language Education Programs San José State University DRAFT March 2005

• Lindholm, K.J., & Molina, R. (2000). Two-way bilingual education: The power of two languages in promoting educational success. In J.V. Tinajero & R.A. DeVillar (Eds.), The power of two languages 2000: Effective dual-language use across the curriculum. New York: McGraw Hill, pp. 163-174 .

• Mac Donnacha, S., Ní Chualáin, F., Ní Shéaghdha, A., & Ní Mhainín, T. (2005). Staid reatha na scoileanna Gaeltachta 2004. Baile Átha Cliath: An Chomhairle Um Oideachas Gaeltachta agus Gaelscolaíochta.

• Mac Einrí, E (2007) Immersion Education: An overview of Theory, Research and Practice. Scoil an Oideachais QUB. i gcomhar le Comhairle na Gaelscolaíochta agus An Chomhairle um Oideachas Gaeltachta & Gaelscolaíochta. (COGG)

• Macnamara, J. (1966). Bilingualism and Primary Education: A Study of Irish Experience. Edinburgh: University Press.

• Met, M., & Lorenz, E.B. (1997). Lessons From U.S. Immersion Programs: Two Decades of Experience. In R. K. Johnson & M. Swain (Eds.), Immersion Education: International Perspectives (243-264). Cambridge: Cambridge University Press.

• Neil, P., Nig Uidhir, G., & Clark, F. (2000) Native English speakers immersed in another language –review of the literature Department of Education, Northern Ireland.

• Ní Bhaoill, M.,(2004) Tús na Léitheoireachta Foirmiúla Gaeilge agus Béarla i Scoileanna lán-Ghaeilge. Tráchtas Neamhfhoilsithe, Coláiste Phádraig.

• Nic Craith, M., (1993) Dátheangathas agus Malartú Teanga in Oideas 40 lgh.35-47.

• Ní Fhearghusa , J (1998) Gaelscoileanna. Stair na hEagraíochta. 1973-1988. Tráchtas M.Ed neamhfhoilsithe U.C.D.

• Ní Mhaoláin, N., (1996) Gaelscoileanna mar Chóras Bunoideachais in Éirinn Tráchtas M.Oid. Coláiste na hOllscoile Corcaigh.

• Ní Mhaoláin N.,(2005) Ár bPolasaí Gaeilge. Gaelscoileanna Teo. Baile Átha Cliath

• Ní Mhurchú, M., (1995) Research on Canadian Immersion Education and the Relevance of its Findings for Gaelscoileanna in Ireland in Oideas 43, lgh.48-68

• Ó Baoill, D. (1980) Buntáistí agus Míbhuntáistí Cineálacha Dátheangachais Teangeolas 10, lgh. 23-27

• Ó Domhnalláin, T., (1978) A plan for Irish in Schools i Teangeolas Uimh. 8 Fómhar 1987, lgh 9-11.

• Ó Duibhir (1999) Riachtanais forbartha Gairmiúla Bunmhúinteoirí Gaelscoile Tráchtas M.St. Colaiste na Tríonóide Baile Átha Cliath

• Ó Duibhir, P. & Ní Bhaoill, M. (2004) Tús na léitheoireachta i scoileanna Gaeltachta agus lán-Ghaeilge. Baile Átha Cliath. An Chomhairle Um Oideachas Gaeltachta agus Gaelscolaíochta,

• Ó Laoire, M., agus Harris, J. (2006) Language and Literacy in Irish-medium Primary Schools: Review of Literature, Baile Atha Cliath An Chomhairle Náisiúnta Curaclaim agus Measúnachta.

• Ó Liatháin, C. (2007) 'Ná bí eaglach roimh thaighde, a Aire', Lá Nua, 8 Lúnasa 2007, 1

• Ó Siaghail,G., agus Déiseach, C. (2004) Próifílí Measúnachta don Ghaeilge sna Scoileanna Gaeltachta agus Lán-Ghaeilge. Baile Átha Cliath: An Foras taighde ar Oideachas.

• Oller & Pearson (2002) Assessing the Effects of Bilingualism: A Background in Oller, D. K., & Eilers, R. E., (Eag) Language and Literacy in Bilingual Children Multilingual Matters. Clevedon.

• Oller, D. K., & Eilers, R. E., (2002) Language and Literacy in Bilingual Children Multilingual Matters. Clevedon.

• Ó Riain, S., (1994) Pleanáil Teanga in Éirinn. Baile Átha Cliath,, CarbadRossell, C., and Baker, K. (1996). The Effectiveness of Bilingual Education. Research in the Teaching of English, 30, 70-74.

• Sanz, C., (2000) Bilingual education enhances third language acquisition: Evidence from Catalonia Applied Psycholinguistics 21: 23-44 Cambridge University Press

• Seymour, P.H.K., Aro, M.,& Erskine J.M. (2003) Foundation Literacy Acquisition in European Languages. British Journal of Psychology 94, 143-175.

• Spencer, L.H. & Hanley, J.R. (2003) Effects of orthographic transparency on reading and phoneme awareness in children learning to read in Wales. British Journal of Psychology, Vol. 94,No. 1,1-28

• Swain, M., & Lapkin, S., (1991) i Bilingualism, Multiculturalism, and Second Language Learning (Eag.) Reynolds, Allan, G. London, Lawrence Erlbaum Associates.

• Tizard, J., Schofield,W.N., & Hewison, J. (1982). Collaboration between teachers and parents in assisting children's reading. British Journal of Educational Psychology 52, 1-15.

• Weir, S., Milis, L., agus Ryan, C. (2002) The Breaking the Cycle Scheme in Urban Schools: Final Evaluation report. Dublin:Educational Research Centre.

• Youngman, F (1986) Adult Education and Socialist Pedagogy Kent: Routledge

Foinsí Leictreonacha.

• An Roinn Oideachais agus Eolaíochta (2004) Polasaí Tumoideachais na Roinne Oideachais agus Eolaíochta, léite ar an 22 Lúnasa 2007,ar fáil ag http://www.gaelscoileanna.ie/downloads/tumoideachas_raiteas_polasai_20.7.04.doc

• An Roinn Oideachais agus Eolaíochta (2007): Imlitir 0044/2007 ar fáil ag www.education.ie léite ar an 3 Lúnasa 2007.

• An Roinn Oideachais agus Eolaíochta (2007a): Liosta scoileanna in DEIS 1 agus 2 ar fáil ag: http://www.education.ie/servlet/blobservlet/deis_school_list.htm léite ar an 27 Márta 2007.

• Bournot-Trites, Monique & Tallowitz, Ulrike, Exec. Summary Report of current Research on the effect of the Second Language Learning on First Language Literacy Skills. ar fáil ag: www.caslt.org/research/executivesum.htm léite ar an 27 Samhain 2006

• CNCM (2006) Teanga agus Litearthacht i mBunscoileanna ina bhfuil an Ghaeilge mar Mheán: Cuntais ar Chleachtas, Páipéar Comhairliúcháin ar fáil ag http://www.ncca.ie/uploadedfiles/primary/lang_lit_irish%2006.pdf léite ar an 25 Meitheamh 2007

• CNCM (2007) Language and Literacy in Irish-medium Primary SchoolsReport on the Consultation and Seminar ar fáil ag http://www.ncca.ie/uploadedfiles/publications/Lang_rpt0107.pdf léite ar an 7 Márta 2007

• CNCM (2007a) Language and Literacy in Irish-medium Primary Schools. Supporting school policy and practice January 2007 Ar fáil ag http://www.ncca.ie/uploadedfiles/publications/LL_Supporting_school_policy.pdf léite ar an 25 Meitheamh 2007

• Cummins, J. (2000a) Immersion Education for the Millennium: What we have learned from 30 Years of Research on Second Language Immersion, ar fáil ag http://www.iteachilearn.com/cummins/immersion2000.html. léite ar an 14 Márta 2006

• Dicks, Joseph & Rehorick Sally (2003) Reflections on the Debate about Early French Immersion Faculty of Education University of New Brunswick. Léite ag www.unb.ca/slec/hot_topics/debate.html ar an 29/12/05

• Estyn (2002) Developing Dual Literacy: An Estyn Discussion Paper ar fáil ag: www.estyn.gov.uk/press_releases/DualLiteracyE.pdf léite ar an 19 Márta 2006.

• Hanafin, M., (2006) 'Address by Mary Hanafin T.D. Minister for Education and Science at INTO Congress 2006 - Giving All Our Children the Best Possible Start' ar fáil ag http://www.education.ie/home/home.jsp?doc=30797&pcat-egory=10861&page=1&maincat=&ecategory=40284&sectionpage=11888&link=link001&language=EN léite ar an 8 Iúil 2007.

• IPPN (2004) Irish Primary Principals Network Principal teachers urge DES to save small schools Preasráiteas eisithe 24/10/'04 ar fáil ag www.ippn.ie léite ar an 20 Aibreán 2007

• Johnstone, R., Wynne, H., Macneil, M., Stradling, B. agus Thorpe, G. (1999) The attainments of Pupils Receiving Gaelic-medium Primary Education in Scotland. Stirling: Scottish CILT. Achoimre léite ag http://www.scotland.gov.uk/library3/education/i62-02. ar 3 Eanáir 2006.

• Lyddy, F (2005) Celtic Biliteracy Literacy Today 43. léite ag www.literacytrust.org.uk ar an 7 Márta 2007

• May, S., Hill, R., Tiakiwai, S., (2004) Bilingual/Immersion Education: Indicators of Good Practice. Final Report to theMinistry of Education Wilf Malcolm Institute of Educational Research School of Education, University of Waikato. ar fáil ag www.minedu.govt.nz léite ar an 7 Márta 2007.

• Murtagh, L., (2003) Retention and Attrition of Irish as a Second Language
A longitudinal study of general and communicative proficiency in Irish among second level school leavers and the influence of instructional background, language use and attitude/motivation variables.Ph.D. Thesis. University of Groningen. Ar fáil ag http://en.wikipedia.org/wiki/Language_attrition léite ar an 1 Aibreán 2007.

• Ó Máirtín, M. (1998) - Martin - Education (No.2) Bill 1997 Seanad Second Stage Speech http://www.education.ie/robots/view.jsp?pcategory=10861&language=EN&ecategory=40204&link=link001&doc=1 5089 ag an seoladh thuas agus léite ar an 21 Aibreán 2007

• PCSP (2002) An Béarla a theagasc mar dhara theanga i mBunscoileanna Nuachtlitir 5 Feabhra, 2002 ar fáil ag http://www.pcsp.ie/html/nuacht5/nuacht.htm léite ar an 14 MeáN Fómhair 2003.

• Rialtas na hÉireann (2006) Ráiteas i leith na Gaeilge 2006 Ar fáil ag www.taoiseach.gov.ie léite ar an 21 Nollaig 2006

• Scottish Office Education Department (1993) National guidelines 5-14: Gaelic ar fáil ag http://www.ltscotland.org.uk/5to14/htmlunrevisedguidelines/Pages/gaelic/gaelic1107.htm léite ar an 7 Eanair 2006

Cláir Raidió, teilifíse agus taifeadtaí.

• Cummins, J.,(2007) Léacht taifeadta ag Oifigí CNCM ar an 19 Meitheamh 2007, Baile Átha Cliath. Ar fáil ón CNCM

• Hanafin, M., 'News at One' RTÉ Radio 1, 26 Iúil 2007

• Hanafin, M., 'The Last Word' Today FM, 2 Lúnasa 2007

• Ó Domhnaill. R., 'Nuacht TG4', TG4, 16 Iúil 2004